PERSIGUIENDO EL SOL

JUANES

PERSIGUIENDO EL SOL

A CELEBRA BOOK

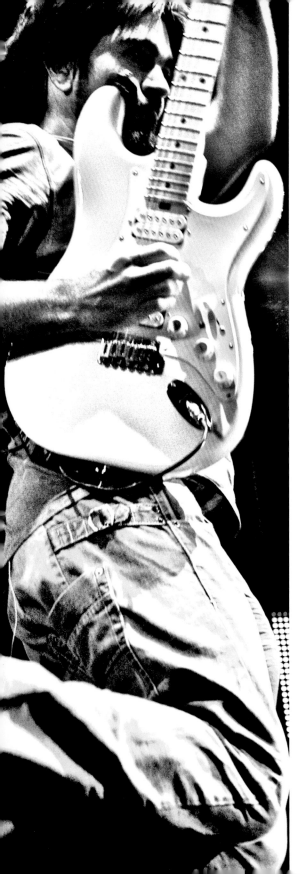

Celebra
Published by New American Library, a division of
Penguin Group (USA) Inc., 375 Hudson Street,
New York, New York 10014, USA
Penguin Group (Canada), 90 Eglinton Avenue East, Suite 700, Toronto,
Ontario M4P 2Y3, Canada (a division of Pearson Penguin Canada Inc.)
Penguin Books Ltd., 80 Strand, London WC2R 0RL, England
Penguin Ireland, 25 St. Stephen's Green, Dublin 2,
Ireland (a division of Penguin Books Ltd)
Penguin Group (Australia), 707 Collins Street, Melbourne, Victoria 3008,
Australia (a division of Pearson Australia Group Pty. Ltd.)
Penguin Books India Pvt. Ltd., 11 Community Centre, Panchsheel Park,
New Delhi–110 017, India
Penguin Group (NZ), 67 Apollo Drive, Rosedale, Auckland 0632,
New Zealand (a division of Pearson New Zealand Ltd.)
Penguin Books, Rosebank Office Park, 181 Jan Smuts Avenue,
Parktown North 2193, South Africa
Penguin China, B7 Jaiming Center, 27 East Third Ring Road North,
Chaoyang District, Beijing 100020, China

Penguin Books Ltd., Registered Offices:
80 Strand, London WC2R 0RL, England

First published by Celebra,
a division of Penguin Group (USA) Inc.
First Printing, April 2013
10 9 8 7 6 5 4 3 2 1

CELEBRA SPANISH-LANGUAGE HARDCOVER EDITION ISBN: 978-0- 451-41555-4

YHE LIBRARY OF CONGRESS HAS CATALOGED THE ENGLISH-LANGUAGE EDITION OF
THIS TITLE AS FOLLOWS:
Juanes.
Chasing the sun/Juanes.
pages cm
ISBN 978-0-451-41553-0
1. Juanes. 2. Rock musicians—Colombia—Biography.
I. Title.
ML420.J84A3 2013
782.42164092—dc23   2012041976
[B]

Set in Helvetica Neue LT Std
Designed by Pauline Neuwirth
Printed in the United States of America

PUBLISHER'S NOTE
Penguin is committed to publishing works of quality and integrity. In that
spirit, we are proud to offer this book to our readers; however the story,
the experiences and the words are the author's alone.
  The publisher does not have any control over and does not assume
any responsibility for author or third-party Web sites or their content.

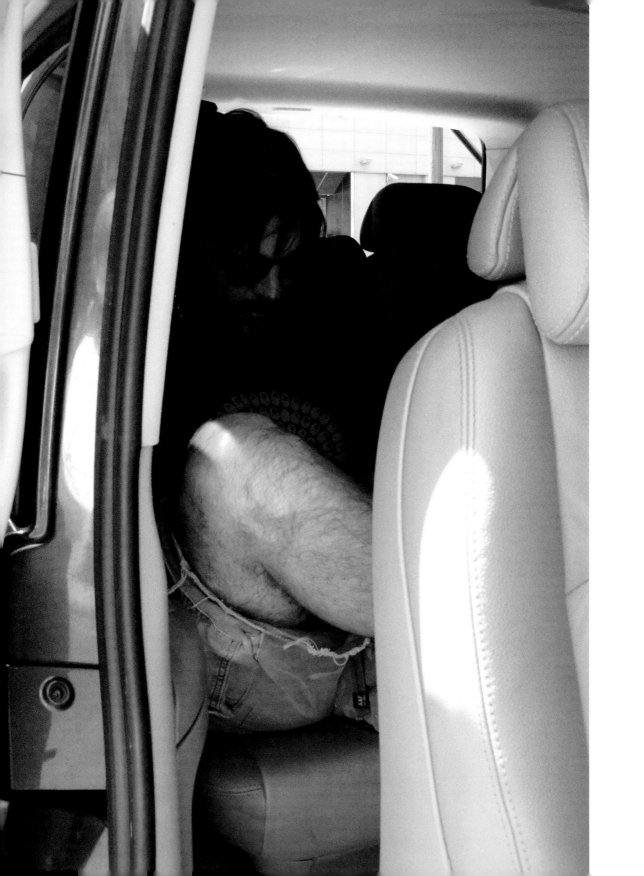

CONTENIDO

INTRODUCCIÓN 1

1 RAÍCES 11

2 CONMOCIÓN 39

3 BÚSQUEDA 71

4 GLORIA 113

5 ENCRUCIJADA 163

6 NUEVO DÍA 221

REFLEXIÓN 277

PERSIGUIENDO EL SOL

INTRODUCCIÓN

Hoy, cuando escribo estas palabras, apenas estaremos preparándonos para nuestra próxima gira y aún nos queda lo mejor por hacer. Ensayos y, siempre, la bellísima aventura de volver a comenzar. Los nuevos capítulos de este libro y de la vida aún están por escribirse, los distintos laberintos de la mente aún no recorridos serán descubiertos más adelante y colonizados. Mientras el mundo siga avanzando y la materia se siga transformando, habrá más material para este libro.

Pero, por lo pronto, quise esbozar aquí sólo unas memorias de mi vida que seguro compartiría si estuviera con amigos en la sala de la casa.

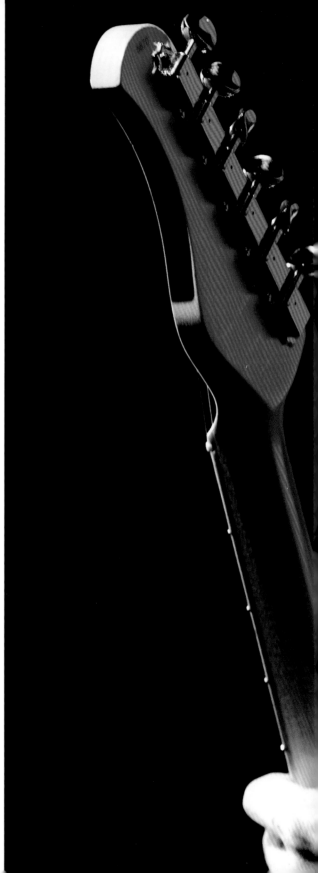

Es pura amistad y una manera sincera de agradecer a todos aquellos quienes han apoyado mi música durante todos estos años. Estoy seguro de que solo esos mencionados llegarán hasta estas palabras. Los demás quizá solo lean apartes para criticar o comentar.

Nada personal, de verdad que no, pero es la realidad. Mi oficio no es escribir libros ni mucho menos. Es más, desde el momento en que me lo propusieron, pasaron varias etapas. Sentí que si hacía realmente esto era para que ustedes conocieran de verdad quién soy, quién está detrás de las canciones que escuchan en los conciertos. Por qué hago la música que hago y por qué pienso como pienso.

Siento que es arriesgado cuando se expone tanto el alma de una persona. Es decir, quizá a algunos después de leer este libro, o por lo menos de saber que se publicó, les dará pereza el personaje. Habrá otros que lo lean y se conecten más. Digamos que es un riesgo que voy a tomar y que haré con amor.

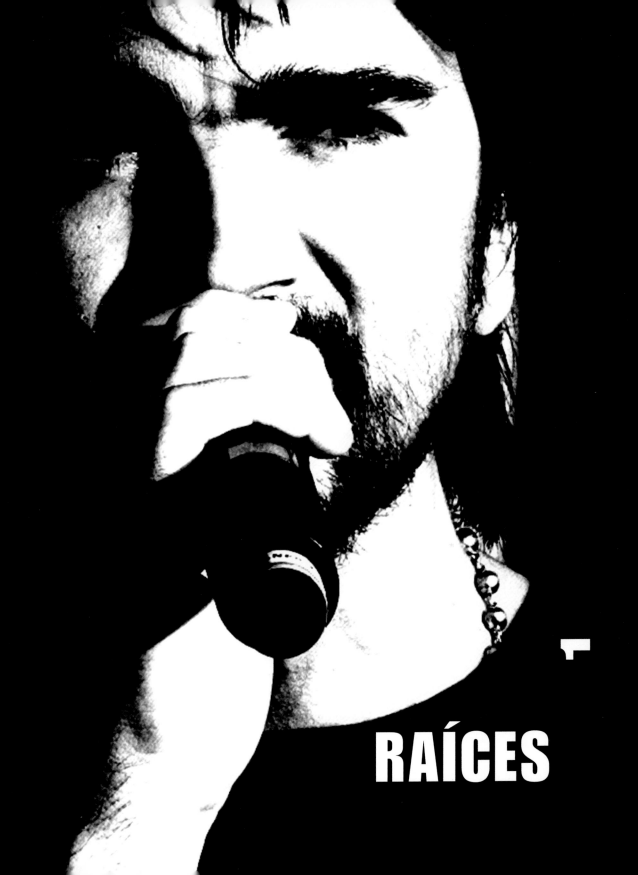

RAÍCES

Desde pequeño, mi madre me enseñó el valor de la espiritualidad que ha marcado mi vida para siempre. Aún tengo guardadas algunas imágenes en mi mente: de rodillas en la cama orando antes de acostarme mientras mi hermano Jaime dormía o veía televisión.

Yo sólo tenía cinco años y me repetía constantemente: "Si Dios está conmigo nada me faltará, nunca nada malo me va a pasar y siempre tendré fe. Pase lo que pase, sin importar la situación... siempre tendré fe". Eso lo hice a los cinco años y lo sigo haciendo ahora. De diversas formas y con diversos nombres, pero lo he hecho toda mi vida.

A medida que crecía y soñaba, Dios fue mi referente constante y necesario en el día a día: me ayudó a sobresalir en el colegio, a sentir la fuerza necesaria para subir a un escenario y cantar en los actos cívicos y hasta a ganar los exámenes de matemáticas que me aterrorizaban.

Cada semana, en las clases de religión del colegio católico al que asistíamos, discutíamos con el profesor sobre los pasajes de la Biblia. Mi fe era ciega y veía el mundo sólo desde ese punto de vista. Obvio, era lo único que recibía y veía en mi ambiente, familia y colegio. Jamás había sido tan consciente del poder de la mente como lo soy ahora, de la capacidad que tenemos para construir y destruir a partir de nuestros pensamientos. Todo mi camino en la música y en la vida se ha basado en anhelar, en soñar, en esa fe ciega en el universo que hace que las cosas pasen cuando uno las desea. Desde el éxito más grande hasta el mismo fracaso, todo lo he visualizado en mi mente antes de que ocurra, obviamente con variaciones, pero en esencia lo he visto primero, lo he imaginado…

En las noches, después de la cena, mis papás rezaban el rosario. Recuerdo con nostalgia esas noches sencillas y cálidas en familia, todos sentados a la mesa, mis papás y mis hermanos. Javier Emilio es el mayor de los seis hermanos y el principal motivo para que hoy yo esté cantando y tocando la guitarra. Le sigue Luz Cecilia, la que siempre fue solo aplicada, la mejor estudiante, la mejor hija,

hasta que el destino le hizo la peor jugada, y le hizo la peor jugada a toda la familia. Luego de su primer embarazo, inmediatamente después de que naciera su hija, sufrió una hemorragia interna que la dejó en coma hasta el día de hoy; veinte años en cama sin saber nada, si siente, si oye, si ve. Aún no podemos unir los puntos hacia atrás y entender por qué o para qué le pasó esto a nuestra familia.

Luego sigue José Luis, quizá tan estudioso como Luz Cecilia, aplicado y dedicado a los asuntos financieros de la casa, muy reservado y organizado. Luego viene Mara o María Victoria, quien ha sido un alma alegre, amante de los caballos a morir, una de mis grandes confidentes, sabe todo o casi todo sobre mi vida. Y luego viene Jaime, el más buena gente de todos los Aristizabal, muy organizado y amante del deporte. Después está la tía Adíela... la familia entera.

Estos eran quizá unos de los momentos más hermosos de mi infancia y que, como padre de familia que soy, trato de imitar en mi propia casa con mis hijos y también con mis amigos y conocidos. "En la mesa se hace la familia", escuché decir alguna vez, ¡y sí que es verdad! ¿Qué mejor momento hay para compartir las experiencias del día con la gente que amas?

Cuando pienso en aquella época todavía veo a mi papá, Javier Aristizabal, sentado en su silla después de tomar su infaltable taza de café —ritual tan sagrado como el mismo rosario— repitiendo una y otra vez el Padre Nuestro, los diez Ave Marías, el Gloria al Padre, el Misterio y empezar de nuevo el coro exacto al unísono con mi tía y mi mamá, que era la responsable de llevar la cadencia y ponerle el ritmo a la oración. Mi querida madre, Alicia Vásquez, ha sido siempre, y sigue siendo, un bálsamo en mi vida; una mujer taciturna y reservada, de las que dicen poco y que cuando hablan, con poco lo dicen todo. Mujer de escazas palabras y de grandes verdades. Pura bondad. Esa es mi madre.

En un principio a mis hermanos y a mí nos obligaban a permanecer en la mesa hasta terminar el rosario completo, cada noche, todas las noches de la semana, de lunes a viernes, incluyendo fines de semana. A medida que fuimos creciendo, mis hermanos —de mayor a menor— llegaron a tener permiso de retirarse de la mesa al comenzar la oración.

Yo, que era el más pequeño de los seis hermanos, fui el que más tiempo se quedó —literal-mente diez años más que Javier, el mayor— y terminé sentado con mis papás y mi tía Adíela, siguiendo exactamente el mismo coro que hacían todas las noches con la inconfundible cadencia y el ritmo de mi mamá. De alguna manera aprendí a entenderlo como una meditación o como una forma de desconectarse de la realidad y entrar en una especie de trance que se apoderaba de todos los presentes. Hoy lo veo como uno de esos momentos mágicos que marcan nuestra vida y que solo valoramos muchos, pero muchos años después. Siento que es un momento de intro-spección, mas allá de repetir una oración de memoria, lo encuentro como un momento de silencio en el que realmente puedo escuchar esa voz interior que tanto me habla, que tanto nos habla. Resumo el día o la noche, hago un balance y pongo a trabajar mi mente y mi fe en la construcción de nuevos sueños, de nuevos días. Todo eso que hoy es ejercicio cotidiano, me acompaña, aunque haya cambiado de forma, desde mi tierna infancia.

A veces me tiro en el piso al lado de mi cama y mi esposa me llama: "¿Juan, estás bien?". Lo dice porque parezco dormido boca abajo, pero realmente lo hago para meditar, y a veces puede pasar más de una hora en que mi mente va como loca demente de un lado al otro hasta conseguir el color blanco que busca.

Nuestra casa, como muchas en toda Latinoamérica, estaba poblada de imágenes religiosas. De hecho, al crucifijo colgado en el cuarto de mi madre, solo le faltaba hablar. Cada vez que ella le pasaba por enfrente lo tocaba para pedirle algo o darle las gracias por alguna bendición recibida. Así que yo aprendí a hacer exactamente lo mismo y cada vez que estaba cerca, lo tocaba para pedirle un favor o para agradecerle un favor recibido.

Justo encima de mi cama había una imagen de Jesús pintada en acuarela que mi mamá le compró a una señora por cinco mil pesos en Carolina del Príncipe, el pueblo donde mis padres tenían una finca a la que íbamos en vacaciones y los fines de semana. Esa imagen de Jesús me transmitía una energía especial; había un gran misterio en su mirada, una mística rara sobre un fondo de color muy oscuro. La particularidad de la imagen, común en los cuadros religiosos, es que yo veía que Jesús me seguía con su mirada desde cualquier ángulo en el que yo me parara. Al frente de esa imagen me arrodillaba cada noche para rezar y fue ante esa imagen que fueron creciendo cada vez más mi espiritualidad y mi conexión con Dios. Hoy todavía existe esa imagen en la casa de mi mamá en Medellín.

■

Desde muy temprana edad, mi imaginario rebosaba de fantasías, de historias, teorías, leyendas, poesía y realidad. En ese entonces

vivíamos en una casa del centro de Medellín que quedaba en la calle Argentina con El Palo. Era una casa grande llena de cuartos y un solar al final. Hasta tortuga, tenía. Yo pasaba el tiempo caminando de un lado al otro, jugando y descubriendo el mundo a través de la música, la televisión y los libros del colegio.

Mi niñez fue alegre y crecí rodeado de mucha familia. Recuerdo a mi papá, Javier Aristizabal, y a mis hermanos cantando música popular latinoamericana de Los Hermanos Visconti, Los Chalchaleros, Gardel, Lucho Gatica y Julio Jaramillo. Javier, el mayor, fue quien comenzó con la fiebre de la guitarra y el canto; después le seguimos todos, cada uno con un estilo diferente.

Javier siempre cantaba tangos y música de los Visconti; a mi hermano José le encantaba cantar música más de despecho, Las Hermanitas Calle, de vez en cuando un vallenato, y música carrilera. Jaime cantaba de Francis Cabrel y la boquitrompona (guasca) y finalmente yo que moría por todos los géneros y en especial por la trova cubana y la música del sur, zambas, chacareras, tangos, etc.

En la sala de la casa casi siempre había un par de guitarras puestas por ahí y desde muy pequeño me llamaron la atención. Eran siempre entre tres y cuatro guitarras puestas sobre el sofá, la silla, la mesa. Mi mamá siempre se molestaba y las ponía en alguna esquina o detrás de las cortinas para que no se viera desordenado, pero era inútil, las guitarras siempre volvían al mismo lugar.

Nos sentábamos generalmente Javier y yo a sacar canciones a oído de los hermanos Visconti, Los Chalchaleros, Julio Jaramillo, etc., o a componer como pudiéramos. Recuerdo incluso que mi hermano Javier tenia un dueto con un amigo de esas épocas llamado Pol, y se hacían llamar Los Conti, en honor a los hermanos Visconti. Ya podrán imaginar el fanatismo que teníamos en la casa por este dueto argentino de folklore. En algunas ocasiones lográbamos coincidir todos: llegábamos Jaime, José y yo, y cantábamos los cuatro. Confieso que eran momentos en los que me emocionaba bastante pues nos uníamos por la música de una manera increíble; era como esos momentos de clímax en las películas donde todo y todos estaban en su punto de felicidad máxima. Hay algunas imágenes de estos momentos en donde aparezco tocando con mis hermanos a la edad de ocho años, casi sin poder abrazar la guitarra pues era ella más grande que yo .

Un día que no fui al colegio porque tenía varicela, encontré en el cuarto de mi hermano José, en medio de su ropa y casi escondida en el closet, debajo de todas sus cosas una lira preciosa. Le faltaban un par de cuerdas y era de color madera con unas cintas de lana gruesa en la cabeza del diapasón, así se solía usar en estas famosas tunas de colegio. La saqué, la puse sobre la cama, la desempolvé porque se veía que llevaba allí varios años sin usar —creo que era de mi tía

Pastora (que no era pastora sino que se llamaba así) cuando estaba en la tuna de su barrio— pasé mi mano por las cuerdas y solo eso fue suficiente para que el sonido me dejara loco.

Fue amor a primera vista. Aunque desde hacía años sentía una atracción especial por la música, gracias a que mi papá y mis hermanos no perdían oportunidad de cantar, ese momento en que toqué la lira por primera vez fue una conexión directa entre la música y yo. No sabía ningún acorde pero el solo sonido de sus cuerdas me atrapó y me dejó la cabeza dando vueltas. ¡Sobra decir que la lira jamás volvió al mismo lugar!

A partir de ese momento mis hermanos y yo iniciamos clases de guitarra con Gabriel Cañas, quien fue nuestro profesor oficial. Era un tipo encantador, llevaba siempre una barba abundante y siempre nos recibía con una alegría gigante. Era zurdo, así que su guitarra estaba encordada al revés o, bueno, al revés para mí, seguro que él pensaba que yo estaba al revés para él… Su local quedaba en el centro de la ciudad, a tres o cuadras de mi casa. Allí cabíamos él, uno de mis hermanos y yo y las guitarras, nada más. Me sentaba al frente y empezábamos.

Recuerdo que me preguntaba: "Juanes ¿y qué me trajiste hoy para aprender?". Yo siempre llegaba con un casete donde había grabado una canción cualquiera, generalmente de los hermanos Visconti. Después del colegio me llevaba a la clase de guitarra Ana Pérez, una de las mujeres que más he querido en esta vida y que, a pesar de su partida hace más de veinte años, recuerdo con el cariño más inmenso, pues fue quien siempre estuvo al lado de mi mamá ayudando con la crianza de todo el batallón Aristizabal. Y yo siempre llegaba con un par de canciones que me quería aprender grabadas en un casete. La primera, "Zamba de mi esperanza", la canté hasta el cansancio en los actos cívicos del colegio. Otras canciones de esa época fueron "Mis harapos", "India", "Zapo cancionero", "Ódiame", y un sinnúmero de canciones de este tipo.

La primera vez que fui a un concierto fue cuando tenía más o menos ocho años. Fue en el teatro Pablo Tobón Uribe, donde vi presentarse a los Hermanos Visconti en dúo con el Dueto de Antaño. Aún recuerdo la silla donde me senté y la sensación de susto en el estómago por ser la primera vez que presenciaba música en vivo. Primero salió al escenario el Dueto de Antaño con su "Pañuelito blanco", esa canción preciosa que mi papá cantaba incansablemente. Y luego el acto principal: los Hermanos Visconti.

Recuerdo sus palabras, las luces del escenario, la gente feliz, aquello era pura emoción y sentimiento. Yo no podía creer que estaba escuchando en vivo las canciones que a diario cantaba con mi hermano en la sala de mi casa. El sonido en vivo de sus guitarras, lo bien que tocaba Abel y la poderosa voz de Víctor me embrujaron completamente. Cuando terminaron de tocar pudimos entrar al camerino y saludar a los cantantes. Fue algo increíble para mí, como si mis hijas hoy se encontraran con Justin Bieber o Demi Lovato. En aquella época era fan de la música popular y en ese sentido Los Hermanos Visconti eran como mis ídolos. Hasta el día de hoy conservo el autógrafo y la foto que nos tomamos con ellos.

Quedé tan impactado con ese concierto que luego le pedí a mi tía Pastora que por favor me hiciera un traje de gaucho como el que usaban Los Hermanos Visconti y Los Chalchaleros. Lo único que quería era ser como ellos.

A partir de ese momento intensifiqué las clases de guitarra e intenté desarrollar mi oído en la música. Cuando todos se dormían en la casa, yo me sentaba solo en la sala a practicar y a sacar canciones a oído de algún artista que me gustara. Siempre era música vieja, como Lucho Gatica, Los Panchos, toda la trova cubana, Gardel, Pedro Infante, José Alfredo Jiménez, entre otros, y no lo que sonaba en la radio por esa época. Vivía totalmente aislado del mundo exterior, no escuchaba radio y solo veía TV cuando daban *Los Súper Amigos*, *Gallito Ramírez* y *Centella*. El resto del tiempo estaba completamente sumergido en los discos que había en la casa, todos de música popular. Recuerdo vagamente un par de discos de los Beatles entre los demás, quizá la única referencia externa del mundo de aquella época.

Pasaba días enteros presionando *play* y *stop* en la grabadora de mi hermano Javier hasta que al final sacaba lo que quería. La canción nunca me salía igualita, pero sí lograba que sonara algo parecido. Me pasaba horas y horas escuchando música y poco a poco se fue convirtiendo en una fuente de inspiración y placer imprescindible en mi vida.

■

En el colegio siempre fui buen estudiante; era tímido y gordito. Uno de mis hermanos en broma me decía "barriga de sapo"... uff, ¡yo lo quería matar! Pero bueno, ¿qué podía esperar si lo único que comía eran papas fritas? Y no era que comiera una porción normal como la de las comidas rápidas (que ya de por sí son grandes); las porciones que yo comía eran gigantes, una montaña completa en el plato. Y eso sí, no podía faltar la salsa de tomate.

En el colegio no tenía muchos amigos, la verdad me concentraba más en el estudio. Yo sí quería ser más divertido pero la timidez no me dejaba. A veces en los descansos prefería adelantar las tareas en el salón para llegar a la casa y tocar la guitarra. Mi hermano Javier cantaba en los

actos cívicos del colegio y un día me invitó a que lo acompañara en la guitarra y la segunda voz. Nos fue bien y a la gente le gustó. A partir de ese momento, en cada acto cívico, cada izada de bandera o cada fiesta en el colegio, contaban con mi participación, lo que me llenaba de miedo y terror. Yo tenía unos diez años más o menos. Hasta el día de hoy, antes de montarme a un escenario, miro hacia arriba, no importa dónde esté, solo para recordar que vengo haciendo esto toda la vida, que siempre en los techos veo las luces y el sonido colgando, el ruido de la gente, el olor del humo, y sigo sintiendo exactamente los mismos nervios que en ese entonces. Obviamente hoy disfruto más del proceso, diría que es una mezcla de placer con adrenalina, es una adicción absoluta a la expresión a través de la música. Una manera única de entender el paso por este planeta.

No era fácil salir a cantar música vieja, además siempre la misma canción, cuando todas las niñas estaban locas con el fenómeno del momento: Luis Miguel. Es más, recuerdo que una de mis primeras discusiones en clase con una compañera se dio por un disco de Menudo (si mal no recuerdo) que ella llevaba en su mochila. Yo, que a duras penas conocía el nombre, no sabía de sus canciones ni del impacto musical que llegaron a tener. Ella me reclamaba porque escuchaba música de viejecitos y no escuchaba a Luis Miguel, quien en ese entonces tendría ¿trece años quizá? No lo sé, pero sé que apenas comenzaba y estaba en su furor.

Yo vivía en mi mundo, ensimismado pero feliz. Carlos Gardel era mi ídolo en aquel tiempo y los discos que conocía eran de Los Panchos, Joe Arroyo y Octavio Mesa. Para mí no había otro mundo más allá de la pianola de la cantina del piso de abajo en la casa que teníamos en Carolina del Príncipe, o en los discos de mis papás y mis hermanos.

En esta época recuerdo que Menudo, Luis Miguel y ese tipo de actos eran revolucionarios. Era una fiebre absoluta en todos lados: la TV, la radio, la prensa, no había nadie que no hablara de esto. Afortunadamente en mi casa siempre predominaron Serrat, Silvio Rodríguez, Francis Cabrel, Cat Stevens, Gardel y hasta Julio Iglesias para balancear las cosas.

■

Aunque vivíamos en un barrio en el centro de Medellín y mi vida era más bien urbana, yendo del colegio a la casa y de la casa al colegio, mi conexión con el campo fue total. Desde que tengo recuerdo, todas las vacaciones las pasábamos en la finca de Carolina. El último día de clases, cuando salía del colegio por la tarde, nos íbamos directo a la finca; ni siquiera pasábamos por la casa a dejar los cuadernos. Allá nos quedábamos varios meses; todo era obsesión y diversión, libertad total y seguridad. Allí viví momentos increíbles que me marcaron para siempre.

Jamás olvidaré los paseos a la finca cuando mi papá bañaba o vacunaba el ganado, cuando el tiempo pasaba más despacio y yo me sentía completamente libre, disfrutando del olor del campo, de la bosta seca del ganado y del sudor de los caballos.

La finca quedaba a veinte minutos de Carolina, pueblo al que siempre íbamos en vacaciones. La entrada a la finca ya me emocionaba; desde la carretera se veía la casita a la distancia en medio de montañas atravesadas por una quebrada. Era la típica pequeña casa campesina de Antioquia. Al principio solo tenía tres cuartos y una cocina casi de mentiras. Con el tiempo todos fuimos tratando de arreglar la casa como podíamos y con lo que podíamos. Lo primero fue hacer la carretera hasta la casa, ya que al principio nos tocaba caminar bastante para llegar hasta ella. Así que nos pusimos todos en la tarea, todos y cada uno de los hermanos comenzamos a echar pala y azadón, hasta mis hermanas. La verdad es que era un paseo y todos lo disfrutábamos al máximo.

Una vez que pudimos entrar el carro hasta la casa, comenzó la remodelación de la casa en sí. Al lado izquierdo arreglamos un cuatro en donde mi papá guardaba las sillas de montar a caballo y las herramientas para convertirlo en una cantina, cosa que a mi papá no le gustó mucho, pero bueno. Mi hermano Javier se consiguió una pianola de monedas y entre todos le jalamos a la carpintería para construir la barra y la estantería. Aquel cuarto tenía un olor típico de

cuero y sudor de caballo que jamás olvidaré. Ahí hacíamos parrandas hasta el amanecer y escuchábamos música y cantábamos. En los otros dos cuartos dormíamos si podíamos, porque a todos nos daban miedo los ruidos del monte que estaba a solo unos metros. Se apagaba la luz y comenzaba lo típico: hablar de espantos, de la llorona, de las brujas en bolas de fuego, etc. Yo sudaba como si estuviera en un sauna pero igual me divertía demasiado.

Nuestros días los pasábamos caminando hasta los potreros más lejanos para traer el ganado a la casa; recorríamos las quebradas a pie o a caballo, arreando y haciendo sonidos con la boca para llevarlos poco a poco hasta la casa.

Mi papá y Miguel Hincapié, mayordomo de la finca por muchos años, preparaban el baño del ganado con diferentes líquidos y mis hermanos y yo nos parábamos al otro lado para ver saltar a los animales en un mar de veterana, un líquido que usaba mi papá para matar las garrapatas del ganado. De inmediato nos invadía ese olor fuerte y penetrante que hoy recuerdo como delicioso. Eran días de gloria absoluta.

Lo primero que empacaba para llevar a la finca era la guitarra y, si yo no me acordaba, lo hacía mi hermano. En las reuniones de amigos y familia era común la hora de la guitarreada con canciones de Gardel, Los Visconti, y una que otra guasca de Octavio Mesa para variar.

■

Al entrar en la pre-adolescencia empecé a conocer la realidad de mi país. Como ejemplo, una tarde íbamos en el carro de Carlos, el novio de mi hermana Mara quien en ese entonces estaba en último grado del colegio Instituto Jorge Robledo y con quien hasta el día de hoy he mantenido una relación muy estrecha y pura, por la Avenida Oriental en pleno centro de Medellín. Oímos en la radio sobre la toma del Palacio de Justicia por el M19. Yo no tenía la menor idea de lo que significaba. Carlos se aterrorizó con la noticia y trató de explicarnos la gravedad del hecho y las repercusiones que podía tener. Esta es la primera imagen consciente que tengo de la violencia en Colombia. Mis ojos se abrían a una nueva realidad.

En aquel entonces se vivía una guerra a muerte contra las guerrillas de parte del estado, y al mismo tiempo del estado contra los narcos. Era una Colombia muy convulsionada que apenas comenzaba a saborear la amargura de la corrupción y de la enfermedad incurable del narcotráfico. Bombas, secuestros, masacres, comienzo de los paramilitares, fue demasiado.

En medio de esta conmoción, y a medida que pasaron los años, mis gustos musicales se extendieron. A través de Carlos, el novio de Mara, —que también tocaba la guitarra— fue que conocí la trova cubana. Silvio Rodríguez, Vicente Feliú, Carlos Varela y Pablo Milanés sonaban cada vez más en las grabadoras y equipos de sonido de mi casa y formaron parte de la banda sonora de mi vida.

Pasaba semanas enteras tratando de sacar las canciones de Silvio Rodríguez en la guitarra; de hecho creo que la primera vez que sentí algo mágico con la música fue tratando de interpretar sus canciones. Solo tenía doce años, no tenía idea siquiera de dónde quedaba Cuba. Repetía sus letras sin necesariamente buscar el fondo, simplemente me tocaban el alma. Al tiempo que entró la trova cubana en mi vida, también conocí la música de Serrat, Bosé, Piero y Nino Bravo que acompañaron esos amores colegiales, esos amores que vinieron enredados en canciones, y que nunca pude manifestar por mi timidez.

En aquella época cerraba mis ojos y cantaba en la sala de mi casa. Pasaba noches enteras practicando y sintiendo la música en el cuerpo y en el alma; no me importaba nada más que tocar guitarra, cantar y comer papas fritas. Y, como una constante en mi vida, para mí no existía nada que Dios no permitiera. Cada día, mañana y noche oraba para dar las gracias por todo y para pedir a Dios por todas las bendiciones recibidas y por las personas que eran importantes en mi vida. Mi mundo eran la música, la guitarra, las cuerdas, el diapasón, las clavijas, los acordes.

En la guitarra encontraba mi conexión con Dios y con el universo, era entonces cuando le encontraba el sentido a la vida de verdad.

CONMOCIÓN

2

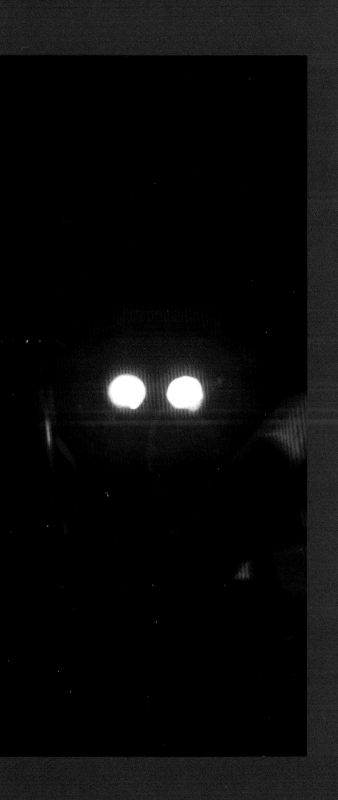

En tercero de bachillerato escuché la palabra "rock" por primera vez y, desde entonces, pasé mis descansos de clase con los músicos del colegio, mis compañeros: Caloma, que tocaba el bajo muy bien y era parte de una banda de metal, quizá de las primeras bandas de metal con calidad que se formaron en Medellín; Federico López con quien aprendí mucho de la música, la guitarra, la producción y grabación, un gran amigo a quien respeto y recuerdo con demasiado

cariño; y Felipe Martínez quien tocaba batería
y más tarde fue miembro de Ekhymosis por
un tiempo. En estas pequeñas tertulias de
cinco minutos descubrí las bandas y el sonido
que me cambiaron para siempre: Metallica,
Slayer, Iron Maiden, Kiss.

Jamás olvidaré lo que sentí cuando por
primera vez escuché *Kill 'Em All* de Metallica
o *The Number of the Beast* de Iron Maiden.
Aquello me voló la cabeza de una manera alu-
cinante, y para siempre. Me movieron su energía, la rapidez y agresividad de las guitarras,
la batería, lo agresivo de sus voces y letras y,
aunque en ese entonces no entendía nada de
inglés, algo me llegaba.

Solía escuchar en viejos casetes regraba-
dos una y otra vez hasta lograr un pésimo
sonido, ¡pero para mí eran los mejores soni-

dos del mundo! Era romanticismo y ganas de descubrir el mundo. Pasé de escuchar música popular a metal directo y sin virajes. Fue un cambio de paradigma total, como si algo en mi interior hubiera estado esperando durante mucho tiempo este momento. A partir de ahí mi vida cambió de rumbo.

Las primeras veces que salí los viernes por la tarde fueron algo completamente nuevo para mí; tenía miedo y a la vez ganas de comerme el mundo. Fue en esa época que llegué a conocer un poco más mi ciudad. La caminé, la recorrí, la sentí. Para ese entonces había cumplido los quince años y por primera vez salía solo a la calle.

Con Andy (Andrés García, quien era bajista del grupo que formamos, Ehkymosis), caminé desde el parque de El Poblado hasta el centro sin problema, una caminata de hora, hora y media; con Toto, otro buen amigo, caminé desde Envigado hasta El Poblado más de una vez; estaba descubriendo el lugar al que

pertenecía y en el que había nacido, reconociendo mi espacio y la gente que lo habitaba.

Uno de mis mejores recuerdos es sobre una casa del barrio Manila en donde vendían vino Tres Patadas. Era un vino barato y emborrachaba en serio. Allí nos íbamos a escuchar música y a hacer tertulias eternas de música y músicos. Del dolor de cabeza al otro ida ni les cuento...

Era la Medellín convulsionada de finales de los ochenta donde la vida no valía nada. A través del rock logré sobrevivir; siento que la música me salvó de todo en esa época: de las drogas, de la violencia, de los miedos, de las frustraciones y hasta de la timidez.

Uno de esos viernes me fui de barrio en barrio por todo el centro buscando una guitarra eléctrica de segunda mano. ¡Qué vueltas las que da la vida! Llevaba todo el año ahorrando para comprarme una moto de trial pero desde el instante en que descubrí el rock algo cambió en mí y lo único que quise fue comprarme una guitarra eléctrica. Finalmente en una prendería del centro encontré una que me gustó mucho, de marca Cort.

Con la compra de esa guitarra dejé atrás a ese niño que tocaba su guitarra acústica en la casa, para encontrarme cara a cara con mi ciudad y con mi destino, mientras buscaba cómo aprender a tocar la guitarra eléctrica. Fue entonces que conocí a Andy y formamos nuestra primera banda de rock: Ekhymosis.

Yo tenía quince años de edad y todas las ganas de comerme el mundo. Andrés era estudiante de Ingeniería Electrónica y fue pre-

cisamente por esta razón que lo conocí, ya
que él fue a mi casa para arreglarme mi primera guitarra eléctrica y de paso le pedí que me
enseñara a tocar con la pajuela o el pick.

El nombre "ekhymosis" salió de un libro
de medicina que estaba en la casa de Esteban Mora, el baterista. Estábamos buscando
el nombre más raro y difícil de pronunciar y
nos decidimos por el término médico para
referirse a moretón o hinchazón de la piel por
impacto.

Para cuando comencé a tocar con Ekhymosis, ya la violencia en Colombia, y en particular en Medellín, estaba en todo su apogeo.
Eran épocas en las que los cárteles de la
droga ya públicamente les habían declarado
la guerra a la policía, al ejército y a todas las
instituciones. Colombia vivía una amenaza
constante, sonaban bombas cada noche y
asesinaban gente sin medida. Obviamente
todo esto afectaba nuestra manera de pensar,
de componer y de vivir la ciudad.

Nuestros trazos sobre el lienzo eran brus-
cos; aunque quisiéramos pintar una mari-
posa, era inevitable ignorar aquel ambiento
hostil en que vivíamos. En nuestras letras
hablábamos de lo que no entendíamos,
hacíamos preguntas, desahogábamos el
miedo y la frustración. Poco a poco la música
se fue convirtiendo en una manera de expresión tan poderosa, y al mismo tiempo en una
manera de escapar, que nos aferramos a ella
con la vida y hasta darlo todo desde esos días
y hasta hoy.

Una noche, varios amigos del colegio y yo

salimos a Casa Verde, un bar en una casa vieja colonial ubicada en una de las tantas lomas de El Poblado. Nos sentamos, hicimos el pedido y, cuando el mesero llegó con la orden, nos dijo de repente con voz de alerta máxima: "Salgan ya de aquí todos, vayan a sus casas lo más pronto posible... parece que hubo una masacre aquí cerquita en otro bar".

Corrimos aterrorizados sin entender nada, cada uno para su casa. Horas más tarde publicaron la noticia en la radio, la TV, la prensa, todo el país fue testigo de aquella noche macabra que jamás se olvidará . Decían los medios: El 23 de junio de 1990, varios hombres armados disfrazados de policías entraron al bar Oporto, entre gritos y amenazas retiran a las personas del bar, los tiran al suelo boca abajo y a quemarropa les disparan en la cabeza.

Esa noche asesinaron sin piedad a diecinueve personas o, más bien, asesinaron a sangre fría a diecinueve jóvenes. Entre ellos a Camilo, un amigo del colegio al que le decíamos Conavi por cariño, y a quien varias veces le di clases de guitarra.

Me desperté al otro día para comprobar que lo que había sucedido la noche anterior no era un sueño —o una pesadilla—, sino la realidad. El país entero estaba conmocionado ante semejante barbarie, y yo seguía sin creer que pudiera ser verdad. Entonces levanté el teléfono y lo llamé a su casa. Al igual que yo, esa noche Camilo había salido a un bar para compartir un momento con

los amigos. Y ahora estaba muerto. Yo simplemente no lo podía creer y sentía en mi corazón que si lo llamaba, si tan solo lo llamaba a su casa, él contestaría y estaría todo bien. Pero claramente no fue así.

Me contestó la niña del servicio, y le dije: "Hola, ¿por favor me pasas a Camilo?". A lo que me respondió entre sollozos: "No Juan... Camilo está muerto, lo mataron anoche en Oporto".

Oporto fue una de las muchas masacres que vivimos en Medellín y en Colombia durante los peores años del terrorismo. Yo apenas entendía lo que le estaba pasando a mi país y a mi ciudad. Con el tiempo he aprendido a procesarlo pero en ese momento nada de lo que estaba pasando tenía sentido. La vida no valía nada y el miedo era constante.

El exceso de violencia y la frustración de aquellos días elevaron mi fiebre por el metal en cantidades inimaginables. Con el simple hecho de escuchar el sonido distorsionado y rápido de las guitarras en combinación con la batería, me sentía liberado y sin tensión. Era una forma de soltar toda esa sensación de rabia y dolor que comenzó a apoderarse de mi alma. Aprendí a mover la melena hasta más no poder... entonces escuché por primera vez a un grupo que me impactó.

La noche que oí por primera vez el disco *Raining Blood* de Slayer estaba en el carro de mi papá, estacionado en el garaje, escuchando un programa de metal que trasmitían cada noche a las diez. Una vez que se terminó el programa, puse un casete que me prestaron, subí el volumen al máximo y casi muero, ¡literalmente casi muero! No lo podía creer: las guitarras, la rapidez, la agresividad y esa actitud me volaron la cabeza para siempre.

Más adelante escuché el *Kill 'Em All* de Metallica y, ahí sí, me di cuenta de que todo había cambiado. Fue uno de esos momentos en la vida en los que uno puede vislumbrar el destino. En lo más profundo de mi ser de re-

ON YOUR KNEES

The premier colombian speed metal band is back with their new 12"EP "DE RODILLAS". 4 down to earth tracks of intense melodic speed featurig "NO ES JUSTO" & "SALVAME". This EP should find a place in your music collection.

TO ORDER: Send US$ 10.00 (postage included)
To: STIGMA PRODUCCIONES
A.A. 55412
Medellin, COLOMBIA
South America

STIGMA
PRODUCCOONES

pente comprendí una cosa: la música es lo
mío. Así, en medio de esta Medellín violenta,
encontré en la música un refugio impenetrable,
una manera de vencer el miedo y la timidez y
desahogar la rabia que tenía adentro contra
esa ciudad caótica, de esa ciudad en guerra.

Mi interés por la música aumentó a toda
velocidad y la situación del país poco a poco
fue haciendo mella en mi realidad. Secuestros, guerrilla, narcos, masacres... tantas
palabras que antes ni siquiera conocía y se
volvieron tan normales, tan cotidianas como

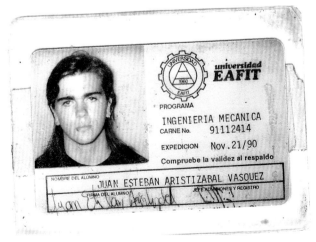

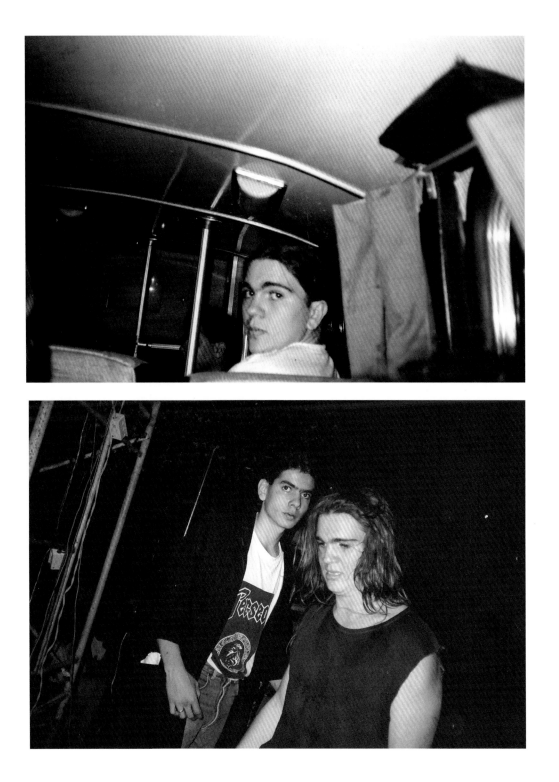

"leche" o "pan". Todos los días las noticias informaban de los actos de violencia más espeluznantes, sumergiendo a mi país en una tragedia cada vez más profunda.

Hasta que un día esa tragedia golpeó a nuestra puerta.

La víctima, mi primo hermano José Alejandro Aristizabal, era de los menores de la casa en la que eran diez hermanos en total. Después de haber estudiado en Brasil había vuelto a Colombia y su trabajo como veterinario en un pequeño pueblo del occidente antioqueño llamado Frontino le exigía viajar con mucha frecuencia por las carreteras del departamento. Un maldito día la guerrilla se lo llevó. La familia solo se enteró del secuestro por un campesino de la región y luego no se supo nada más por mucho tiempo. Emperatriz, su mamá, y Emiro, su papá —hermano de mi papá— decían que cada vez que sonaba el timbre de su casa corrían a la puerta porque pensaban que había llegado.

Después de cinco largos y angustiosos meses por fin la familia recibió noticia sobre José Alejandro: "Se necesitan 25 millones de pesos para su rescate".

Emperatriz y Emiro consiguieron el dinero con gran esfuerzo y avisaron a las autoridades para

obtener el canje. Solo hasta ese momento comprendieron que estaba muerto y que los 25 millones eran para rescatar el cuerpo y la única forma de llegar al lugar donde estaba era en avioneta.

Aunque permaneció cinco meses en la tierra, encontraron su cuerpo aporreado y maltratado pero casi intacto. No estaba descompuesto ni generaba mal olor porque la guerrilla lo enterró en una zona muy alta y muy fría. La muerte de José Alejandro fue un dolor muy profundo para toda nuestra familia y una evidencia más de la realidad del país en el que vivíamos en ese entonces. Esto fue a sus treinta y siete años.

■

Por estos años, la recién formada banda se convirtió en mi gran escape de energía. Mi vida, mis sueños, mi tiempo, mi día a día... todo estaba relacionado con Ekhymosis. Ensayábamos día y noche sin parar. La banda era nuestra enfermedad, obsesión, vicio y adicción. Justo el día en que murió mi tía Pastora, trataba de sacar a oído "Fade To Black" de Metallica con mi guitarra acústica.

Parecía que vivía fuera de la realidad, como anestesiado con la música: al mismo tiempo que sentía tristeza, sentía alegría porque la música había llegado a mi vida y me había transformado. Tocar la guitarra, ensayar con la banda, trabajarle a mi música se volvió mi única forma de vivir ante tanto dolor y tanta violencia inconcebible. Se convirtió en mi forma de sanar.

3

BÚSQUEDA

De la mano de la música viví la Medellín violenta, mi primer amor, mis primeros conciertos y hasta la excursión de fin de año a la isla de San Andrés. Tomaba el bus Circular Sur o Coonatra en una ruta que recorría toda la ciudad bajando por la Avenida Oriental, la 80 y San Juan. Cuando no tenía plata para el taxi —que era casi

siempre— me montaba al bus con la guitarra al hombro y el amplificador para ir hasta el lugar del ensayo, un cuarto en la casa del famoso Luis Emilio, pues este era el único lugar donde las bandas de metal podían ensayar y hacer ruido hasta altas horas de la noche. Era un cuarto pequeño con algunos instrumentos.

Mi amor por el metal era tan fuerte como el que sentía por mis otras raíces musicales, la música más tradicional que heredé de mi padre y mis hermanos. Pero en ese primer acercamiento me quedé ciego y radical. Abandoné por completo la guitarra acústica para dedicarme a escuchar y a sacar a oído todas las canciones de Metallica, Led Zeppelin y otros.

A pesar de todo lo que vivía, veía, oía y sentía, cuando llegaba en la noche a la casa, cerraba mis ojos, me tiraba en la cama y oraba, me conectaba con Dios de una manera muy personal, casi imposible de describir. Era mi momento de compenetración y reflexión, ese estado simple y profundo a la vez. Aquel momento tan especial en que la desconexión con el mundo físico da lugar a la conexión con lo inmaterial en un instante de búsqueda y meditación. Estos momentos de abstracción siempre fueron parte de mi vida, sin importar qué música me acompañara.

■

Mi habitación estaba empapelada de afiches de James Hetfield, Metallica, The Beatles, Kerri King, Slayer, Kreator y hasta tenía un logo de Destruction pintado en la pared con

mis propias manos. Era de lo que todos hablaban, así que empecé con mi tarea de escuchar una por una las bandas y así ir encontrando las que más me gustaban y con las que me identificaba de alguna manera. Rara vez se escuchaba este tipo de música en la radio o en la TV. Era un movimiento bastante *underground* para ese entonces. Se manejaban fotocopias y copias piratas o en casete; solo el que tenía dinero podía contar con un disco original y el resto lo copiábamos.

Una tarde estaba haciendo una cartelera para la clase de Sociales y entró mi hermano José al cuarto mientras escuchaba "666 The Number of The Beast" de Iron Maiden a todo volumen. Para ser sincero no entendía ni una palabra de lo que decía la canción, sin embargo me sentía completamente atraído por ella; era pura conexión musical y energética. Al verme en esas, mi hermano salió del cuarto y fue directamente a donde estaba mi mamá para decirle que me pusiera más atención.

En ese momento empezó mi época de rebeldía: llevaba el cabello largo, me esforzaba por ir en contra de lo establecido y buscaba la manera, fuera cual fuera, de ser diferente. En el colegio luché contra la típica regla del cabello corto la cual me hizo sufrir, hasta que llegué a la universidad donde al fin tuve la libertad de llevar el cabello largo de verdad.

La música se convirtió en mi refugio y en la manera de conectarme con el universo. Pasaba

días enteros tocando la guitarra, cantando frente al espejo y escuchando las canciones que me movían. Ekhymosis despertó todo tipo de sueños y fantasías en mí y fue el comienzo de lo que ha sido mi vida desde entonces. Generalmente componía con Andy, pero muchas veces yo llegaba con alguna idea al ensayo que después todos compartíamos.

En marzo de 1988 tuvimos nuestro primer concierto en el polideportivo de Envigado. Aquella noche recuerdo estar sentado en las tribunas detrás del escenario con el resto de la banda: Esteban Mora, batería; Andy, guitarra; y Alex Oquendo, vocales. Estábamos esperando nuestro turno, y llegó. Se acercó el promotor de aquel entonces y nos dice: "Muchachos, arriba que es su turno". Desde ese mismo instante me paralicé. Mi mente no tiene un solo recuerdo de ese entonces, solo las fotos me ayudan a recordar que realmente estuve sobre esa tarima. Fue tanto mi pánico escénico que olvidé todo, pero la banda sonó.

No había mucha gente pero tampoco estaba vacío, podrían ser unas dos mil personas quizá. Para ese entonces yo solo tocaba la guitarra, Alex cantaba, Andy tocaba la otra guitarra y Esteban la batería. No teníamos bajo y ni cuenta nos dábamos de que hacía falta. Armábamos las canciones sin seguir mucho el orden, pero sí con puro corazón y adrenalina. Todo era descubrimiento,

ganas de realizarnos como músicos y buenas personas en una ciudad violenta. Estábamos llenos de vida y paz. Desde esa época la música fue y sigue siendo mi salvación. Es mi comunión con la vida misma.

Poco a poco fuimos conociendo gente de la escena local, músicos, artistas e ingenieros que trabajaban con las mismas ganas que nosotros. Un año después del primer concierto de la banda, como estábamos más establecidos en la escena, buscamos una manera de grabar un demo más decente.

En el sótano de la casa de Federico López, quien más adelante fue ingeniero de sonido de Ehkymosis por varios años —y a quien recuerdo con gran cariño y agradecimiento porque fue mentor, profesor y consejero de muchos músicos, incluyéndome a mí— grabamos un demo de cinco canciones, si mal no recuerdo. Tocábamos muy duro y rápido, era nuestro único objetivo, pero todavía nos faltaba bastante, no éramos precisamente los mejores músicos.

Los viernes en la tarde, después del colegio o la universidad, pasaba por casa de Federico para ver el ensayo de una de mis bandas favoritas del metal paisa: Ekrion. Eran *underground* total, solo en el círculo de músicos y de metal se sabía de ellos, pero sin duda alguna eran de los mejores. Yo veía a El Gato en la batería, Jorge en la guitarra y Federico en la otra guitarra y decía: "Guau. Algún día quiero tocar como estos manes".

Siempre estuvimos rodeados de inspiración con buenas bandas como Sepultura, Metallica, Slayer, Antrax y Kreator, y con las críticas malas que nos obligaban a ensayar. Solo queríamos ser la mejor banda de metal y así pasamos varios años en que no paramos ni un día de ensayar. Hicimos el demo para empezar a dar a conocer la banda y también como ejercicio nuestro de grabación. Aún existe la tapa de este demo original.

■

La primera vez que Ekhymosis se presentó fuera de Medellín fue en marzo de 1988. Recuerdo como ayer la vez que contesté el teléfono de mi casa y escuché al otro lado de la línea:

—Oiga Juanes, ¿cómo está hermano? Soy Hueso. Los quiero invitar a tocar a Pereira a un concierto pero ustedes tienen que pagar todo.

Yo le respondí casi gritando:

—¡Sisas parcero, de una! Dígame qué tenemos que hacer.

Se trataba de un concierto que se daría en Pereira. Esa fue la primera vez que realmente salí de Medellín con alguien distinto a mis papás, mis hermanos o mi familia.

Para salir a Pereira decidimos que el punto de encuentro sería mi casa porque quedaba en el centro. Fuimos Esteban, con algunos atriles, Andy con su guitarra hecha por él —con más chuzos que curvas, pero maravillosa— y yo, que ahora cantaba, con nuestras guitarras al hombro. Caminamos por El Palo hasta La Oriental para esperar el bus que nos llevaría a la terminal de transportes rumbo a Pereira.

Todo fue alegría en este viaje. En el bus solo íbamos los tres sentados en las últimas sillas tomando cerveza y nos sentíamos como si fuéramos en el más lujoso jet privado. Viajamos toda la noche y llegamos a la madrugada del día siguiente. Yo no conocía en persona a Hueso, el promotor, así que fue un gusto conocerlo por fin cuando nos recibió en la Terminal.

De la Terminal salimos rumbo al hotel. Estábamos muy cansados y no veíamos la hora de acostarnos un rato a dormir. A medida que nos íbamos acercando al lugar del hotel, notamos que la cosa no pintaba muy bien que digamos… y el hotel ni siquiera era un hotel, sino que resultó ser un motel. Pero nuestra emoción de estar en una ciudad distinta, listos para tocar ante un público totalmente nuevo, hacía que nada importara. Lo único que podíamos ver era que estábamos en Pereira. Cuando entré a la habitación del motel me acosté en la cama y, oh, sorpresa, descubrí

que en el techo de la habitación había un espejo del tamaño de la cama y pensé: *¿Para qué será que ponen un espejo en el techo...?* Je, je, después comprendí.

Para cuando llegó la hora de presentarnos, ahí estaba yo, parado en frente de un público metalero que no conocía ni una nota de nuestra música, aterrorizado con tanta gente. Como era nuestro primer show no teníamos ingeniero, ni sonidista, ni técnico. Tocamos cinco canciones como en la época de Los Beatles, casi sin amplificación, en las que no se escuchó nada, mucho menos yo. Yo no dije ni una sola palabra entre canción y canción, ni me moví, a duras penas respiraba o parpadeaba. Me moría del susto. El público empezó a tirar pedazos de ladrillo y de tejas. Algo había pasado, pero no sabíamos qué era. No entendíamos bien si era por nosotros o porque no oían nada... Fue aterrador pero a la vez maravilloso. Resultó ser que el sonido no era el problema sino que parece que una banda a la que realmente habían esperado había cancelado.

A fin de cuentas, nos importó poco lo que sucedió esa noche y cómo terminó el concierto... ¡Nos sentíamos triunfadores! Habíamos salido de Medellín y estábamos conquistando el mundo... ¡esa era nuestra meta!

■

Pasaron varios años en ires y venires. La banda se consolidó más, la formación cambiaba y tocamos en otras ciudades con más suerte. Incluso regresamos a Pereira en varias ocasiones y se convirtió en un centro frecuente de nuestras actividades y encuentros. Pasaron varios integrantes por Ekhymosis, estábamos en pleno experimento y en plena búsqueda de identidad. Lo que comenzó como una banda de metal se fue transformando en un laboratorio aunque no todos los miembros estaban de acuerdo con la filosofía.

Más adelante con la banda grabamos nuestros primeros EPs en el estudio de Víctor García, un gran músico de Medellín que tenía el mejor estudio en esa época. Como aún no teníamos disquera ni nadie que nos respaldara, la grabación y la producción del disco la tuvimos que pagar nosotros. Recogimos dinero de nuestras familias y juntamos lo poco que pudimos para grabar cuatro canciones, que luego vendimos a nuestros amigos, familiares y fans.

El voz a voz de la banda empezó a crecer y llegaron nuevas personas con ideas, propuestas y conciertos. Todo nuestro trabajo y dedicación empezó por fin a dar frutos y a los cinco años se podría decir que ya la banda estaba lista. Por fin, como un milagro nos llegó la llamada que tanto esperábamos: Codiscos, una pequeña disquera especializada en vallenato que estaba a cargo de un personaje muy querido, el doctor Álvaro Arango, fue la primera compañía que creyó en nosotros. Sentía que había tocado el cielo con las manos, que ya todo estaba hecho, era la gran apuesta nuestra y la oportunidad de poder expandirnos más en Colombia.

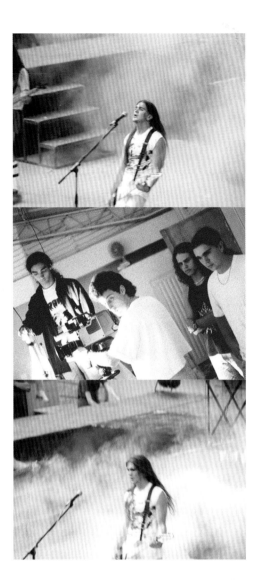

Con Codiscos firmamos un contrato para grabar nuestro primer larga duración y eso fue la felicidad total, no lo creíamos. Era un sueño. Ensayamos todo el tiempo, a toda hora y en todas partes o, mejor dicho, donde nos aguantaran la bulla tremenda que hacíamos. Unas veces ensayábamos en la finca de Esteban en La Estrella, en el solar de mi casa o en la sala de la casa de Andy, en fin, siempre encontrábamos a quién molestar con nuestra música. Se nos olvidó el mundo alrededor; solo existían Ekhymosis y sus canciones.

Después de tantos ensayos, grabamos en el estudio de Tita Maya, en el último piso de un edificio en Carlos E. Restrepo, con Federico López de ingeniero y productor. Todos los días que estuvimos grabando el álbum me despertaba con una sonrisa de oreja a oreja porque sabía que iba a pasar todo el día metido en un estudio. De mi casa caminaba hasta la Avenida Oriental para tomar el bus de Circular Coonatra que me dejaba justo al lado del estudio. Subía los cuatro pisos y ahí me encontraba con todo el equipo. Estábamos todos felices, llenos de vida y con ganas de grabar. El fruto de todo ese trabajo se convirtió en nuestro primer larga duración que más adelante se llamó *Niño Gigante* y salió a la venta en 1993. Antes de este LP, pudimos grabar un EP de cuatro canciones, y antes uno de dos canciones.

Para la salida del disco necesitábamos fotos y fue en ese momento que conocimos a Andrés Sierra, con quien hicimos varias sesiones para tapa y banda. Escogimos una foto que nos encantó

a todos pero que a la disquera no le agradó mucho (para variar). Entonces Andrés se fue a las calles y fotografió a un niño en una esquina con un revolver que apuntaba al lente. Esa foto sí nos encantó. Incluso más que las demás. Nos volvimos locos con esa foto en blanco y negro que representaba la fuerza y la rabia de nuestras canciones y los textos de furia y agresividad que habíamos escrito (esta foto todavía existe).

Llevamos la foto a la disquera para que el doctor Álvaro Arango diera su veredicto. La respuesta, ya todos nos lo imaginábamos, fue negativa. El doctor Álvaro Arango nos explicó que la compañía no podía asumir ningún tipo de presión de los medios al permitir que un

álbum saliera con una foto tan fuerte, sobre todo teniendo en cuenta todo lo que estaba pasando en ese momento en la ciudad. Fue una desilusión para nosotros, pero como suele ser el caso en este tipo de situaciones, tuvimos que aceptarlo. La foto que escogimos para la tapa terminó siendo más conceptual.

Finalmente el disco salió a la venta en 1993 con comentarios positivos y para promocionarlo los fines de semana tocábamos sin descanso. En la radio de algunas ciudades sonaba la única balada del álbum: "Solo". Nos poníamos de acuerdo con la familia y los amigos para pedir la canción en

las emisoras de radio. Yo llamaba varias veces y cambiaba la voz para que no me reconocieran —gracias a Dios en ese momento no triunfaba Steve Jobs, ¡si no me hubieran fichado sin problema!

Finalmente la pusieron. Tengo grabado ese momento como mi Primera Comunión. Corría por la casa como un loco, mi mamá salió detrás de mí pensando que había pasado algo.

Yo gritaba. Cumplimos un sueño casi imposible: en medio del pop y el tecno de la época, le dieron espacio a nuestro sonido.

La letra de "Solo" la habíamos escrito Andy y yo en un bus rumbo a Cali. La música la compusimos en los ensayos y desde el primer momento sentimos que había algo especial en esta canción. A partir del momento en que apareció en la radio por primera vez, lentamente fue subiendo en popularidad y al final de año ya se había convertido en la canción número uno del país y la más sonada de la radio pop y rock.

Niño Gigante es en mi opinión el mejor álbum que hicimos con la banda en sus doce años, al igual que el último, el álbum verde editado en 1997.

■

Los años de Ekhymosis pasaron entre amores, desamores, críticas, depresiones y alegrías, fiestas, bombas, secuestros, noticias, la universidad y mi moto.

En la universidad me reencontré con Miote, un amigo de la vieja guardia en el colegio, y con otros dos amigos —Nico y Pájaro— que me llevaron al barrio Antioquia donde estaba metido en dos cajas de cartón uno de los grandes amores de mi vida: mi primera motocicleta, una KZ 1000 *custom*, modelo 72.

En el taller de Andrés, otro amigo del colegio, la fui armando con paciencia hasta ver esa hermosa nena de color naranja quemado (como la compré por poco dinero tuve que

armarla casi entera). Todas las ganancias de Ehkymosis me las gastaba en la moto: pistones, anillos, llantas, neumáticos, tuercas, tornillos, focos, cables, aceite, gasolina, cromado y miles y miles de detalles más.

La universidad seguía. Comencé estudiando Ingeniería Mecánica en la EAFIT (Escuela de Administración, Finanzas y Tecnología), y luego de un semestre de infierno me pasé a la UPB (Universidad Pontifica Bolivariana), donde comencé Publicidad y al segundo semestre me pasé a Diseño Industrial, que finalmente terminé. En las clases de Diseño pensaba en los ensayos, en Educación Física en las guitarras, durante el recorrido de regreso a casa en el bus o en el metro, pues aún no tenía la moto lista, repasaba las letras y melodías.

Tenía pesadillas con la moto y con los conciertos: que la moto no andaba, que al concierto no iba nadie, y así hasta que por fin llegó el día en que me entregaron la moto. Afortunadamente los conciertos siempre tuvieron público, unas veces más que otras, pero siempre más de una persona que nos escuchara, por lo menos.

El día que me entregaron la moto no creía en nadie; me recorrí la ciudad entera como un demente libre por primera vez. A pesar de que estaba recién salida del taller, no dejaba de ser una clásica moto del año 72, así que era fácil saber adónde iba: por el sonido del mofle, el color llamativo o la estela de humo que dejaba, pues los pistones y anillos no estaban muy bien que digamos. Pero sí que andaba la moto. Mil centímetros cúbicos de fuerza bruta, amé este animal por muchos años y se convirtió en mi medio de transporte.

En ella fui a los ensayos, a la universidad, marqué tarjeta, salí de paseo y tanto más. Fue parte de mi vida y tuve suerte de no caerme porque ese peso sobre mis piernas hubiera sido muy doloroso, pesaba toneladas.

■

Mi papá amaba vivir en el centro de Medellín. Gracias a eso no tenía que manejar, ni montar en bus o tomar un taxi, todo era a distancia de caminata. Mi mamá le seguía los pasos y así, entre los dos me contagiaron. Durante mi adolescencia y cuando estaba en la universidad entendí la importancia de estar allí en el corazón de la ciudad, escuchando todo tipo de sonidos, los vendedores ambulantes, los carros, la cantidad de gente que pasaba de un lado al otro.

Durante la semana, mi papá caminaba unas cuadras hasta La Playa con La Oriental para verse con sus amigos. Hacía muy fácil sus vueltas en los bancos y ferreterías donde compraba los insumos que más tarde mandaba a su negocio de víveres y abarrotes en el marco de la plaza de Carolina del Príncipe. Salía en su carro los lunes al medio día y a las tres horas llegaba a Carolina por carreteras destapadas. Con los años decidió no manejar más y así empecé a ir con él, o a

veces lo acompañaban mis hermanos Jaime, José o Javier.

Para mí esos viajes en carro los dos juntos fueron de los momentos más especiales que llegué a compartir con él. Teníamos tres horas para hablar de todo, además del tiempo que pasábamos en Carolina. Mi padre era un hombre reservado, no hablaba mucho, pero siempre preguntaba por mi música, por el grupo y me insistía en terminar el estudio. Esa era una frase infaltable en nuestra charla y sí que tenía razón. Diez años después de su muerte terminé mis estudios en la Universidad Pontificia Bolivariana.

Una vez que llegábamos a Carolina del Príncipe mi papá pasaba todo el día en la tienda, hasta las nueve de la noche que cerraba y se encontraba con sus buenos amigos en una esquina del parque para hablar. Yo lo veía de lejos con su ruana y su sombrero, siempre muy serio y correcto. Después caminábamos juntos hasta la casa, entrábamos y mi corazón latía más rápido. La casa de la finca, hermosa, típica antioqueña, con su corredor que daba al patio central y las habitaciones alrededor. Para esta época, de la familia de mi papá ya solo vivían él y la tía Marta, los demás hermanos habían fallecido en los últimos cinco años y a todos los velaron en el cuarto que conectaba con el de mi papá, como es la costumbre en nuestros pueblos.

Yo dormía en una cama cercana a él. Nunca olvidaré que cuando apagaban la luz, no veía nada, era oscuridad absoluta. Pasaba las manos frente a mis ojos para ver algo pero

era inútil. Visibilidad cero. Y el único sonido que se escuchaba, de vez en cuando, era el de los pasos de las ratas sobre el cielo raso de la habitación.

La única manera de matar ese silencio sepulcral que acompañaba las noches de Carolina dormida, era cuando mi papá encendía el radio viejo en alguna emisora que a veces cogía radios de todo el mundo y en todos los idiomas. Puras noticias que a duras penas se entendían. Mi papá sólo lo encendía para no escuchar el silencio.

Cuando se intensificó mi estudio en la universidad y la agenda de conciertos y viajes de la banda, mi papá decidió que era mejor que nadie lo acompañara. Entonces comenzó a irse hasta Carolina solo en bus. En su momento no entendí su decisión y hoy en día cuando miro hacia atrás me da tristeza saber que no lo acompañé más veces.

Pero aunque el modo de transporte había cambiado, la rutina seguía intacta: salía en el primer bus de la terminal de transportes rumbo a Carolina, con su sombrero, su poncho y la caneca de la leche vacía. E, invariablemente, unos días más tarde, la caneca regresaba rebosada de leche fresca recién ordeñada y la carne empacada en una caja de cartón junto con los quesitos que destilaban un líquido que yo odiaba. En la casa siempre tomamos leche y comimos carne y queso de Carolina del Príncipe; eso fue algo que no cambió sino hasta muchos años más tarde.

Una semana antes de que muriera mi padre, íbamos por la Avenida El Poblado a casa

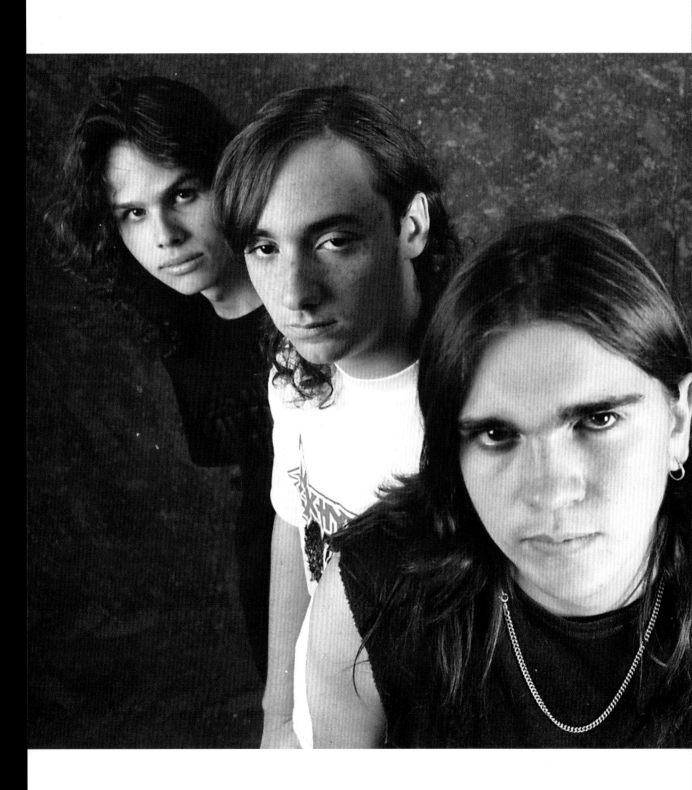

de mi hermana Luz, yo manejaba la pickup Chevrolet modelo 53 de color azul que de vez en cuando mi hermano me prestaba para ir a la universidad o para salir los fines de semana. Mi papá estaba molesto por aquello de mi cabello largo —él era, a fin de cuentas, más conservador que mi mamá— y estábamos discutiendo sobre el tema. En cuestión de un segundo y un poco tajante le contesté:

—Alto, no me voy a motilar y me dejan ya tranquilo con ese tema.

Pues bueno, nunca me imaginé que una semana más tarde estaría en una clínica agonizando. Durante más de cinco años después de su muerte seguía pidiendo perdón por discutir con él de esa manera por una tontería.

Mi padre se fue de una muerte repentina e inesperada para todos nosotros. Un día después de una intervención quirúrgica que le habían hecho y de la que por cierto había salido perfectamente bien, mi hermano Jaime nos llamó a la casa a decirnos que papá había recaído. Salimos corriendo mi mamá y yo. Como estaba seguro de que no pasaría nada, de que él estaría bien, me fui todo el camino hablándole a mi mamá, dándole fuerzas y calmándola mientras manejaba por la Avenida Oriental rumbo a la clínica.

Al llegar a su habitación en el hospital nos encontramos con que la puerta de la habitación estaba entreabierta. De lejos alcancé a ver el cuerpo de mi papá tirado en la cama con doctores y enfermeras encima, miles de cables y aparatos... Me impactó tanto lo que vi, que de inmediato me retiré para no ver la escena completa. Me paré en el corredor con uno de mis hermanos, miré hacia el lado izquierdo y vi lo peor, lo que nunca hubiera querido ver... casi en cámara lenta venía caminando hacia nosotros un cura con su sotana, su Biblia y su aceite de agua bendita. El cura entró a la habitación lentamente y en ese momento entendí que estaba muriendo.

Recuerdo cuando mi mamá entró casi tumbando la puerta de mi habitación: "despierte Juan que su papá se murió... ". Dios mío, qué momento tan terrible.

Han pasado casi veinte años desde el día de la muerte de mi papá y mi relación con Dios y con él es cada día más fuerte. Realmente no sé quién es quién, solo siento que ha estado conmigo estos años y que vigila y cuida mis pasos como lo hago hoy con mis hijos. En mis oraciones le hablo constantemente, le pido a Dios por su alma y su felicidad, con la certeza absoluta de que está feliz y en paz en algún lugar del universo, o en todas partes al mismo tiempo.

■

Entre 1997 y 1998 Ekhymosis, la banda en la que estuve casi doce años, llegó a su fin. El cansancio y la diferencia de gustos entre todos nos fue llevando a una muerte natural prácticamente. Fue un golpe muy duro. Sentí que había perdido todo, que mis sueños de ser artista o músico habían terminado, estaba totalmente perdido y desilusionado, decep-

cionado y frustrado, pero fue un momento en el que la música me salvó de nuevo. Nunca fue más fuerte la depresión que mi amor verdadero por la música. Así que para cerrar esa etapa y seguir adelante con mi pasión decidí pensar en nuevos horizontes.

Mi siguiente paso lo quería dar en Estados Unidos.

■

Aunque pasaron varios años entre el fin de la banda y mi comienzo como solista, grabé algunos demos en mi computadora con un software llamado "Cakewalk". Y, en simultáneo, empecé a planear mi viaje. Lo primero que hice fue vender lo material: mi moto, mi amplificador, mi computadora y un par de cosas más. Fue duro ir dejando todo atrás, pero en mi mente no había alternativa. Mi fe en Dios y en lo que me decía mi voz interior era tan grande que simplemente la seguí. Sabía que era lo que tenía que hacer.

Para 1997 logré concretar todo y salí hacia Miami en un vuelo de American Airlines, con escala en Bogotá porque Medellín no tenía vuelos directos a Estados Unidos. Tenía un puesto en clase

económica, justo al lado del ala. Vi cómo los pasajeros se subían uno a uno y justo entre ellos venía una banda muy importante del rock colombiano, Aterciopelados, que iba a los Grammy. Yo pensé *"Dios mío, ¿qué estoy haciendo? Dame fuerzas para seguir adelante"*.

Llegué a Miami con muchas ilusiones y poco dinero, solo mi guitarra y una mochila naranja llena de CDs, un par de libros y documentos. Los primeros meses me quedé en casa de Memo, un gran amigo con un gusto por el metal muy similar al mío. Pasaron varios días y yo mientras tanto soñaba, componía, caminaba, corría o dormía y, a veces, lo acompañaba a su trabajo de diseñador gráfico. Solía caminar por las calles como un loco, iba a los conciertos que podía, al cine, a las librerías, donde pudiera.

Dormía en un tapete y me abrigaba con una cobija que otro amigo me había prestado. El sentido del tiempo no existía para mí, era como si me hubiera congelado para no sufrir, vivía el momento y proyectaba el futuro solo con mi fe en Dios.

Todos los días corría media hora o cuarenta minutos y al mismo tiempo rezaba, oraba y meditaba. Dibujaba en mi mente cómo me quería ver en el futuro: en un escenario cantando, grabando, con un contrato disquero. Solo viví tres meses en Miami porque sentí que el momento

musical de la ciudad estaba lejos de lo que yo buscaba. Mi sueño fue siempre trabajar con Gustavo Santaolalla y él estaba en Los Ángeles, así que ese era mi objetivo. Miami sonaba diferente para ese entonces.

Me fui para Nueva York, donde tenía un amigo músico que me prestó un apartamento. Allí pasé dos meses caminando: salía en la mañana y regresaba en la noche tan cansado que sólo dormía. La sensación de despertar en la mañana y no tener ni idea de qué sería de mi vida me llenaba de terror y miedo, pero al mismo tiempo me conectaba con mi papá y con Dios. Oraba y descansaba.

Más de una vez se me escurrieron las lágrimas por la soledad y la desesperación de estar comenzando desde cero en un país desconocido, con una lengua que no sabía hablar.

Nueva York fue mucho para mí en ese entonces, pues no tenía dinero ni conocía a nadie, así que decidí mudarme a Los Ángeles por un par de contactos que me podían ayudar. Al llegar al aeropuerto de Los Ángeles, tomar mis maletas de la banda y salir por la puerta, supe que era mi lugar y que ese aire lo respiraría por varios años más. De inmediato sentí una conexión muy fuerte con esa ciudad. Conté con grandes amigas y amigos, ángeles que me dieron la mano durante esa época de caminatas eternas por las calles de Los Ángeles, recorridos de horas en los buses, composición, lectura en las librerías y envío de demos a quien quisiera escuchar.

Estaba esperando conseguir un contrato disquero. El tiempo pasaba, mi paciencia se agotaba y el dinero también. En un pequeño bolsillo de mi chaqueta de aviador verde con doble faz naranja guardaba el dinero, era mi banco ambulante. Cada vez que necesitaba calma, llevaba la mano al bolsillito para asegurarme de que todavía tenía con qué comer.

Los días los pasé entre Downtown, Wilshire, Pasadena, Glendale, Griffith Park, según dónde podía dormir o comer. No tenía contrato disquero pero ya estaba decidido: no regresaba a casa sin conseguir mi sueño.

Los tres años aproximadamente que pasé en Estados Unidos en busca de mi sueño fueron años de mucho aprendizaje, reflexión y, sobre todo, de conexión con Dios y conmigo mismo. Renuncié a todo en Medellín para comenzar de nuevo. Tuve épocas en que solo comía arroz y agua de la canilla, pues el dinero no alcanzaba para más.

En una de mis tantas mudanzas encontré un motel en Wilshire por $200 a la semana. Era curioso estar en esta calle tan prestigiosa, llena de lujosos apartamentos y casas, en un motel de habitaciones pequeñas. Allí pasaba gran parte del día; solía cerrar las cortinas para concentrarme en componer, practicar la guitarra, el canto y grabar en una Tascam de cuatro canales lo que escribía.

El teléfono de la habitación era rojo, como el de Batman en las películas. Una tarde cuando llegué de caminar —lo hacía cada día para no enloquecer— el teléfono sonó. Me lancé a contestar pues nunca nadie me llamaba.

Era la voz de Marusa Reyes y del famoso productor musical Gustavo Santaolalla. ¡No lo podía creer! Quería llorar de la emoción. Hablaron de su interés por firmarme para el sello Surco de Universal, que en ese entonces era la división que manejaba Santaolalla. A partir de ese instante no me importaron todos los trabajos y los momentos difíciles que había pasado hasta entonces. Sólo sentí que el sacrificio había valido la pena, que Dios me escuchaba y mi papá me ayudaba.

Aníbal Kerpel, socio de Gustavo, Marusa, Gustavo y yo nos conocimos en un café de Sunset Boulevard. Comencé una nueva vida. Dos semanas mas tarde, la grabación era lo más agradable del mundo. Salía temprano y pasaba todo el día en La Casa —el estudio de Gustavo y Aníbal— trabajando, grabando, moviendo cosas a un lado y al otro, charlando y aprendiendo. Mi primer álbum como solista, *Fíjate Bien*, lo grabé a finales de 1999 en Los Ángeles, y fue producido por Gustavo Santaolalla, Aníbal y por mi.

Al finalizar la grabación llevaba dos años en Los Ángeles y mi deseo de ir a Colombia era gigante. Necesitaba regresar a casa, abrazar a mi familia, dormir en la cama con mis cobijas y mi almohada y comer la comida de mi mamá. Tomé el vuelo con escala en Miami y me quedé un par de días. En ese momento me di cuenta de que ya todo estaba cambiando: con mi disco grabado debajo del brazo y mi contrato disquero, ya no sentía la angustia que había sentido unos años atrás al llegar a esa ciudad. Me sentí tranquilo y feliz, sabía que estaba viviendo mi sueño y por nada del mundo me lo iba a dejar arrebatar.

Esa visita a Miami fue muy productiva, pues allí conocí a Manolo Díaz, presidente de Universal, quien me acompañó en el proceso de firmar el contrato con la compañía y, al mismo tiempo, me conectó con quien sería mi mánager a lo largo de los diez años siguientes.

Así fue que a finales de 1999, justo a tiempo para las fiestas de fin de año, volví a Medellín después de dos años de ausencia.

Abracé a mi mamá por más de una hora, no quería soltarla. También me reuní con todos mis hermanos, mis amigos y el resto de la familia. Me sentí muy feliz de estar rodeado de tanta gente y tanto amor, sobre todo después de haber pasado por lo que había pasado los últimos años. Pero todo había valido la pena.

4

GLORIA

Lo que siguió fue una época increíble. Iba de radio en radio conociendo los rincones de Latinoamérica, con mi guitarra, cantando y promocionando el álbum. Viajé a todos los rincones hispanohablantes del planeta: Puerto Rico, Estados Unidos, Centroamérica, Suramérica, España. Era difícil que me pusieran en las radios pues muchos consideraban que mi música era muy pop para

las emisoras rock y muy rock para las emisoras pop. Pero con el público sí empezamos a conectar y nunca paramos. Poco a poco el voz a voz crecía y el trabajo del equipo de *management*, de la compañía y el mío, se alineó a favor de las buenas cosas.

No era fácil y no vendimos muchos discos, pero los Latin Grammys de 2001 le dieron siete nominaciones a *Fíjate Bien*.

El día en que nos llegó la invitación a las nominaciones de los Latin Grammys yo estaba en un teletón en Guatemala. Mi primera reacción fue no querer ir, pero luego mis colaboradores me convencieron y a los pocos días tomamos un avión a Miami. Me quedé en casa de Andrés Recio que trabajaba en el *management*.

Mis tenis Nike estaban mojados del día anterior, así que los dejé secando durante la noche en una ventana y luego tras la nevera en la rejilla del motor. Ninguna técnica casera me funcionó porque cuando me los puse todavía sentía las burbujas, la humedad y el frío. Me reí mucho y le dije a Andrés:

—Parce, nada que hacer, vamos así.

Esa tarde leyeron mi nombre siete veces en las nominaciones. Era la primera vez que veía a

otros artistas famosos, caminaba en el aire, no entendía lo que pasaba: siete nominaciones con el primer álbum era algo insólito.

Un titular decía: "Juanes, el perfecto desconocido". A partir de ese momento comenzó la vorágine de entrevistas, viajes y más viajes pues nos invitaron a participar del Watcha Tour en el que recorrimos Latinoamérica y Estados Unidos de nuevo y todo fue alegría.

Entre la fecha en que anuncian las nominaciones a los Grammys y la ceremonia de entrega de los premios pasan dos o tres meses en los que no paré de dar entrevistas y filmar videos: uno en Canadá para "Fíjate Bien", y otro para "Podemos Hacernos Daño" en Bo-

gotá. Durante la filmación del video para "Podemos Hacernos Daño" pasó algo especial, muy especial. Una de las modelos del video era Karen Martínez, ex reina de belleza y actriz cartagenera.

Allí comenzó el amor de mi vida.

Comenzó el verdadero amor, una relación que se convirtió en el centro de mi existencia. Desde el primer instante en que nos conocimos, nos amamos locamente y nos prometimos amor eterno. Y así fue que nos fuimos a vivir juntos a un pequeño apartamento en Bogotá que inicialmente ella pagaba, pues yo aún no tenía cómo hacerlo. Durante esos primeros meses con Karen, tuve que hacer muchos viajes de promoción, conciertos y demás. Ella tenía que estar casi todo el tiempo en Colombia por su trabajo de actriz y presentadora de noticias, lo que hizo que tuviésemos que pasar mucho tiempo separados.

Desde un principio en nuestra relación la distancia fue nuestra prueba —como lo siguió siendo años más tarde— pero fuimos consecuentes y nos ayudamos mutuamente.

En *Fíjate Bien* había plasmado mi lado oscuro y ahora con Karen descubría la luz de mi alma. Cuando recogí algo de dinero nos mudamos a otro pequeño apartamento en Bogotá donde vivimos varios meses y fue allí que compuse casi todo mi segundo álbum, *Un Día Normal*.

Mi energía era diferente, tenía más optimismo que nunca, había sobrevivido aquellos años de prueba y me sentía fuerte y con ganas de seguir. No tenía un estudio como tal, así que me apoderé del equipo de sonido de Karen y allí conecté mi computadora. De esa época creativa y un cuartico que tenía afiches de Bob Marley, Elvis Presley y Jimmy Hendrix salieron canciones como "Es por Ti", "A Dios le Pido", "La Paga" y "Fotografía".

Entre tantos viajes, cambios y una alegría absoluta, llegó por fin el día de la entrega de los Latin Grammys que estaba programada para la noche del 11 de septiembre de 2001. Para la ocasión viajé a Los Ángeles con Karen, mi madre, mi prima y mi hermana. Era un sueño, no podía creer

que dos años después de haber vivido en esa ciudad y de haber pasado algunos de los momentos más solitarios y difíciles de mi vida, me preparaba para la fiesta más importante de la música. Llegamos al hotel y estaba todo el mundo, artistas, periodistas, aquello era una locura pero se palpaba una muy buena energía.

Después del viaje, el cansancio y la tensión no me permitían ni hablar, así que me fui a dormir, no sin antes pasar un rato con mi madre y mi hermana para darle gracias a Dios por lo que estábamos viviendo.

Al otro día me despertó el teléfono. Eran las 7:30 de la mañana y mi mánager estaba al otro

lado diciéndome que encendiera la televisión en CNN, que algo había pasado en Nueva York. Encendí la televisión al instante y me encontré con esas imágenes aterradoras que hasta el día de hoy no he podido superar y que cada vez que veo me estremecen igual o peor.

En la pantalla pude ver una de las torres del World Trade Center incendiada y un montón de humo que salía por un hoyo gigantesco en un costado del edificio. Aún no se sabía bien lo que pasaba, tanto que recuerdo la voz del locutor entrecortada, casi sin poder hablar. Karen y yo nos quedamos paralizados frente a la televisión, mudos.

Minutos más tarde vimos impactar el segundo avión en la otra torre y los dos gritamos: "¡Dios mío! ¿Qué es esto?". Fue la cosa más escalofriante que había visto hasta ese momento. Aquel lugar que había soñado seguro ahora era foco del terrorismo, y con estos atentados, el mundo entero.

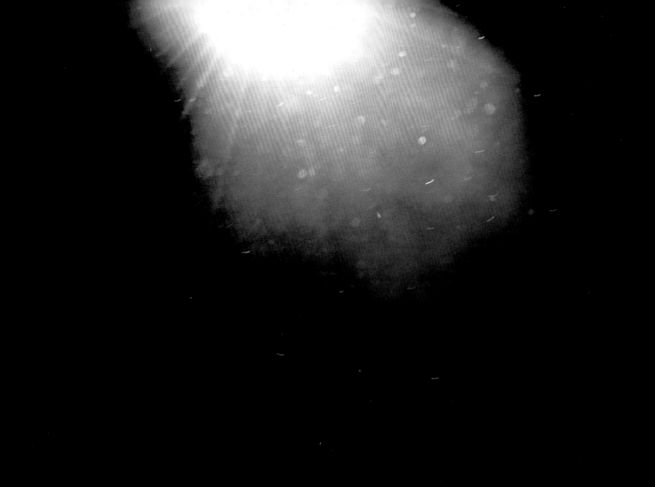

El locutor en voz en off iba dando información sobre los
sobrevivientes, bomberos, se hablaba de una guerra, de un
accidente, de un atentado terrorista. De un momento a otro la
primera torre comenzó colapsar. El locutor se quedó en silencio y luego dijo: "Dios mío". Minutos más tarde la segunda
torre se vino abajo y el mundo cambió para siempre.

Podría haber estado viajando en uno de esos aviones. Pensaba en lo que habrían sentidos las víctimas antes de morir, en lo que estarían sintiendo sus familias en ese momento. No creo que haya mente humana que pueda comprender el horror que se vivió ese día. Mis sentimientos de terrible dolor por lo que había pasado en Nueva York se mezclaban también con un dejo de tristeza porque aquella maravillosa noche que tanto habíamos planeado y esperado se había derrumbado.

Le dije a mi madre casi que en silencio ante semejante tragedia:

—Que ironía madrecita, cómo es la vida. Hoy, que supuestamente era el día más importante de mi vida, se derrumbó todo.

Ella me contestó en cuestión de segundos:

—No se preocupe m'hijo, este era el día más importante de su vida hasta hoy, pero todavía faltan muchos otros días más por venir y serán mucho más grandes que este.

Me quedé en silencio. Como siempre, mi madre tenía razón. Lo que tenía —y aún tengo— por delante no son sino más éxitos y momentos felices.

Meses más tarde se celebró la entrega de los Latin Grammys en una modesta recepción en Los Ángeles. Ese día *Fíjate Bien* ganó el Grammy Latino al Mejor Artista Revelación, Mejor Álbum Solista y Mejor Canción de Rock.

■

El segundo álbum, *Un Día Normal*, lo grabé en Los Ángeles, de nuevo producido por Gustavo Santaolalla, Aníbal y yo. En este disco todo era diferente, la energía, el entusiasmo, ya el avión había despegado y tenía la turbina a todo motor, las cosas iban pasando tan rápido que ni me quedaba tiempo de digerirlas.

Durante la grabación me quedaba en los Oakwood Apartments en Los Ángeles y Karen me acompañó por unas semanas. Vivíamos un sueño de amor y al mismo tiempo mi carrera iba mejor que nunca.

Una mañana, revisando mis mails, me encontré con uno de una gran amiga periodista que me decía: "Juanes felicidades por tu niña, es monita y tiene rizos". Yo le mostré el mail a Karen y nos miramos como diciendo, "qué raro". Le pregunté a mi amiga por qué me decía eso, y más tarde me respondió: "Karen está en embarazo de una niña". Efectivamente resultó ser verdad lo que mi amiga predijo. ¿Cómo lo hizo? Ni idea, pero pasó así tal cual.

Durante la época con más viajes y más promoción para *Un día normal* nació en Miami nuestra primera hija, Luna. Aquel momento es indescriptible, supe inmediatamente que mi vida se había partido en dos, un antes y un después. Cuando la cargué por primera vez en el hospital no lo podía creer, me sentía el hombre más feliz del mundo.

Sin embargo el trabajo seguía a un ritmo frenético y me debatía entre la alegría de ser padre por primera vez y la angustia de viajar todo el tiempo. Karen fue muy valiente y supo soportar mi ausencia durante esos primeros meses tan cruciales en la vida de nuestra hija.

Cada vez que regresaba de un viaje tenía que recuperar el tiempo perdido. A medida que fue creciendo, Luna comenzó a extrañar que papá llegara y se fuera todo el tiempo. Me cobraba con indiferencia mi ausencia y en el proceso me partía el alma, pero no podía hacer nada más que tratar de ser el mejor papá del mundo en el poco tiempo que compartía con ella.

Apenas salió "A Dios Le Pido", el primer sencillo del álbum, ocupó los primeros lugares en la lista de los más vendidos. Yo no podía creer lo que estaba sucediendo, parecía una película. No parábamos de tocar, giras, conciertos, entrevistas, un día en Argentina, al segundo, desayuno en Madrid, y más tarde almuerzo en Alemania. Era increíble; los fans empezaron a sumarse y la compañía a creer más y a apostarle al proyecto.

Con *Un Día Normal* recorrimos casi todo el mundo. Nunca antes habíamos tocado en tantos lugares como esta vez, mi energía estaba al ciento por ciento.

Durante la gira yo seguí componiendo sin parar, andaba con mi computadora, una interface de Pro Tools, un teclado pequeño y unos cuantos cables. En cada hotel montaba el mini estudio itinerante y grababa cualquier idea que se me pasara por la mente. Todo era natural y puro, tenía la inspiración al máximo: el éxito del disco, mi primera experiencia como padre, la gira... La vida me estaba sonriendo como nunca antes y eso se tradujo en mí como una nueva ola de inspiración.

La gira duró casi dos años con aviones, largas noches y domingos tristes lejos de la familia. Pero cuando subía al escenario todo valía la pena. Esas dos horas de las veinticuatro del día pagaban el sacrificio.

Apenas terminé la gira y, casi sin descansar, me encerré en el estudio de mi casa en Coral Gables, a trabajar en los demos que traía de la gira y a armar las canciones. Les ponía el nombre de la ciudad donde las comenzaba: Bogotá, Ámsterdam, París, Medellín, San Francisco, y así recordaba cuál era mi estado de ánimo en ese momento. Transcribía las guitarras, las melodías, las baterías, hasta terminar la maqueta. Le pedí a Gustavo Santaolalla, Aníbal y al resto de la compañía que me permitieran grabar en Miami para aprovechar esos meses cerca de mi hija Luna y mi esposa Karen. Todos estaban de acuerdo y así se dio.

El álbum que le siguió a *Un Día Normal* se llamó *Mi Sangre*, lo grabé entre el garaje de mi casa, los estudios de Hit Factory en Miami y en un sinnúmero de hoteles alrededor del mundo. Realmente no descansé ni un segundo, simplemente no podía parar. Estaba pasando por un momento de efervescencia increíble que no quería dejar ir, y además la creatividad me fluía sin ningún problema. Canciones como "Nada Valgo sin tu Amor", "Ámame", "La Camisa Negra", "Para tu Amor" —que justo escribí con el nacimiento de Luna—, fueron algunas de las que publicamos en este álbum y considero que son algunas de mis mejores canciones.

Apenas terminamos de grabar *Mi Sangre* iniciamos la promoción del álbum y de nuevo arrancaron los viajes más intensos que nunca. La idea era seguir montado en la ola que venía del disco anterior para aprovechar todo el impulso positivo que veníamos construyendo. Tuve que dar entrevistas sin parar en todos los países, madrugadas, largas noches de conciertos, viajes y más viajes. Cambios de horario, de rutina alimenticia, pero todo lo aguantaba. Los únicos que sufrían eran mi corazón y el de mi familia en casa. Cuando llegaban los fines de semana me dolía

escuchar la voz de Karen entrecortada aparentando que todo estaba bien. Fue una época muy dolorosa, a veces llorábamos. El tiempo que me perdí de mi pequeña Luna lo he ido recuperando gracias a Dios pero en su momento no fue nada fácil.

Pero todo el trabajo y los sacrificios dieron sus frutos. De repente "La Camisa Negra" empezó a sonar en todas las radios del mundo. Me escribían amigos de lugares tan recónditos como Marruecos, Alemania, Japón y Australia porque la estaban escuchando. Yo no lo podía creer. Llevaba tanto tiempo para alcanzar ese sueño que una vez que se hizo realidad me costó trabajo creer que estuviera sucediendo.

■

Recibir el éxito y el reconocimiento internacional que recibimos en esa época fue algo enorme, tan gigantesco que todavía me cuesta absorberlo.

A medida que todo empezó a coger fuerza tuve la suerte de que la compañía de discos, el *management*, mi banda y yo estábamos todos alineados, lo cual nos hacía imparables. No había viaje al que no nos le midiéramos, concierto al que no fuéramos, entrevista que rechazáramos. Lo hacíamos todo. Yo sabía que si no trabajaba duro en ese momento en que todo iba en ascenso podía muy bien dejar pasar la mayor oportunidad que se me presentaría en mi carrera profesional.

Pero mientras mi trabajo iba en ascenso, mi vida personal estaba hecha trizas. A Karen le estaba tocando criar sola a nuestra hija Luna y, en mi interior, yo sentía que el corazón se me partía. A pesar de toda la alegría y las bendiciones que nos traía, mi nuevo éxito no dejó de ser uno de los retos más grandes de mi vida.

Paloma llegó a nuestras vidas para iluminar aún más el camino; la dulzura tomó sentido después de verla nacer.

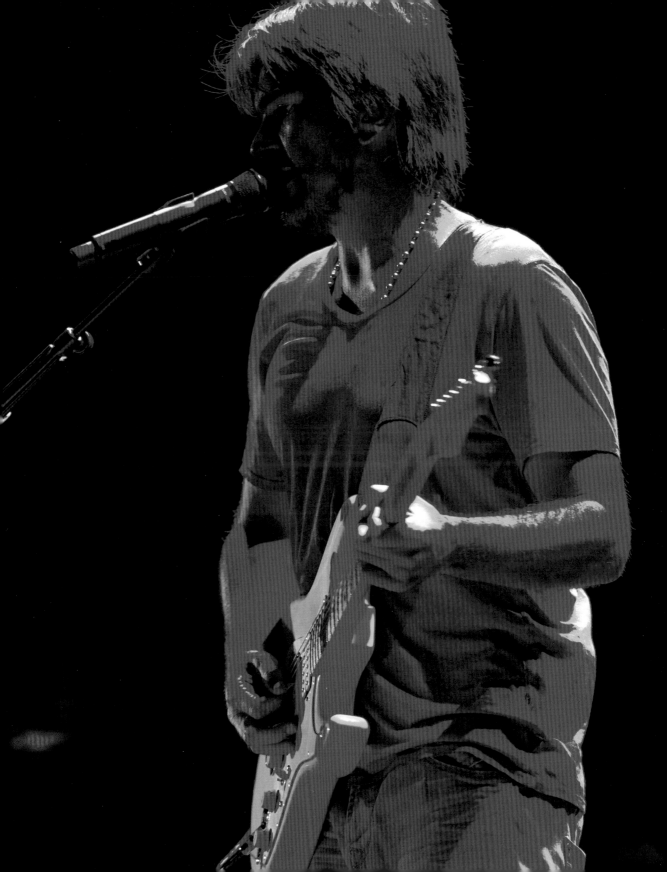

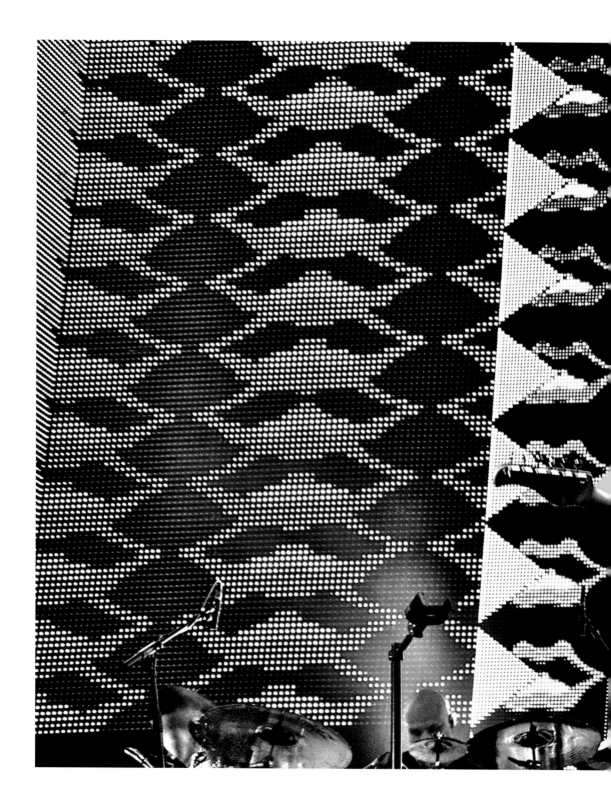

Mi hermosa Paloma nació el 2 de junio de 2006. Ese día aterricé en el aeropuerto de Miami a las cinco de la madrugada en un vuelo desde Venezuela. Salí directo al hospital pues ya Karen estaba allí con mi mamá y su mamá, muy bien acompañada, pero faltaba yo y en cualquier momento podía nacer la bebé. Afortunadamente llegué a tiempo y pude asistir al parto con mi esposa.

Paloma nació en la mañana y a las tres de la tarde tuve que salir de nuevo para Venezuela a terminar la gira. La felicidad de estar reunido con mi familia y la alegría indescriptible de conocer por fin a nuestra Paloma hacían que lo último que quisiera en ese momento fuera subirme a un avión. Me sentía como un condenado al que obligan a hacer algo que no quiere. Era una contradicción: el éxito con el que había soñado toda mi vida estaba destruyendo lo que más amaba en ese momento, el tiempo para estar con mis hijas y mi esposa.

Era fácil distraer la mente con el trabajo y pensar de alguna manera que mi sacrificio valdría la pena por mis hijos y el futuro de la familia. Y, sin embargo, nuestra separación estaba dejando pequeñas heridas que en un principio no podía —o no quería— ver. Simplemente seguí trabajando, pensando que mientras más me dedicaba, mejor sería para todos. Seguimos adelante con la gira y cuando terminamos ya habían pasado otros dos años de conciertos, viajes, entrevistas y alegrías... pero también de distancia.

Todo iba muy bien y no había nada de qué quejarse, pero interiormente ya había empezado a sentir el cansancio mental y físico de tantos años y viajes sin parar. Lo que no sabía era que solo era el comienzo de una época oscura que tardaría en superar.

ENCRUCIJADA

La gira de *Mi Sangre* terminó, pero mi obsesión por el trabajo no. A los tres o cuatro días de esta oleada de giras y viajes, me encerré de nuevo en el estudio al lado de mi casa en Medellín, adonde nos habíamos mudado. Aunque por fin estábamos juntos, mi relación con Karen se había deteriorado por la distancia y la ausencia. Mis composiciones no eran las mismas, a veces en los conciertos sufría y me dolía la cabeza del cansancio.

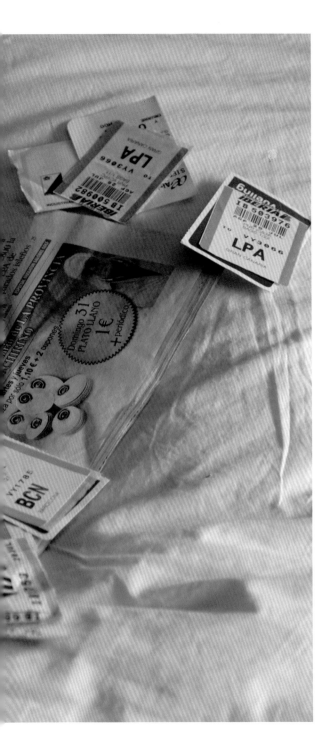

Trabajaba todo el día, de once de la mañana a once de la noche en el estudio con el mismo sistema y los demos que había hecho a lo largo de los dos años de gira. A duras penas volvía a la casa a comer o a tomar algo, como si de alguna manera el éxito me estuviera absorbiendo por completo y no me dejara parar. Trabajé sin detenerme mientras que mi esposa y mis hijas se acomodaban a la nueva vida en Medellín. Las niñas entraron a un nuevo colegio con nuevas amiguitas y una nueva rutina, pero a pesar de todos los retos que el cambio les trajo también a ellas, por lo menos estábamos juntos. O eso pensábamos.

Un par de meses más tarde todo empezó a fallar, mi relación con Karen se desconectó y caí en una confusión muy dura que me costó estar separado de ella por casi ocho meses. Era como si estuviera sentado en la silla del avión viendo cómo se incendiaba la turbina en una inminente tragedia. Sin embargo, a pesar de todo lo que estaba sucediendo, me fui para Los Ángeles a presentarle los demos a Gustavo Santaolalla para lo que sería mi cuarto disco con él.

■

El éxito de "La Camisa Negra" fue tan maravilloso como dañino. En el estudio, mientras me esforzaba por preparar lo que sería mi siguiente disco, de repente pensaba: *¿Y ahora qué hago? Si "La Camisa Negra" funcionó en Europa y el resto del mundo, ¿qué debo hacer? ¿Más camisas* *negras?* Era un interrogante que no me podía sacar de la mente, como si un león gigante respirara en mi cuello a punto de morderme.

En Los Ángeles, ya de regreso en el estudio de Gustavo, estaba contento pero inquieto, no era capaz de ver en mi interior exactamente lo que estaba pasando, pero algo no estaba bien del todo. Me parecía que no era nada grave, mi sensación era solo esa: que no me sentía muy bien del todo. Me costaba trabajo ver lo obvio, que tenía un problema familiar que me estaba carcomiendo por dentro.

Escuchamos los demos y Gustavo guardó silencio. Yo lo miraba mientras escuchábamos pero él no me miraba. Hasta que en un momento dado me dijo:

—Juanes, vení vamos a dar una vuelta por el parque.

En ese instante se me derrumbó el universo. Aquello que medio estaba sintiendo resultó ser más grave de lo que pensaba, pues se estaba apoderando de mi creatividad y mi música, aquella parte de mí que siempre pensé era inquebrantable. Se me apretó el alma.

Así que nos fuimos a caminar y Gustavo me preguntó:

—Juanes, ¿qué tipo de disco querés hacer?

Y ahí me di cuenta de que no sabía. No supe contestarle. Le expliqué lo que me había pasado con el éxito, de qué manera me había movido el piso y lo entendió. Perdí mi foco y me olvidé de mí para complacer a otros.

Nos sentamos en una banca en el alto de la montaña, hablamos por largo rato de la vida y de la música y luego regresamos al estudio. Ya para ese momento me sentía más tranquilo, habíamos hecho un trato: íbamos a escoger los mejores demos para rehacerlos, trabajar más en las letras y en las melodías, las estructuras y demás.

Ese mismo día regresé a Colombia para poner manos a la obra. Aunque la conversación con Gustavo me había calmado y dado la confianza necesaria para retomar el hilo de lo que estaba haciendo, también me sentía desconcertado ante lo que me estaba sucediendo. Nunca antes me había pasado algo así, la música siempre fluía de mí con total naturalidad y casi sin esfuerzo. Sin embargo, algo me había pasado que ahora estaba fallando. Me sentía rodeado de un silencio y una preocupación tenaces. No estaba dando lo mejor de mí, lo sabía, pero sentía que si me aplicaba todavía podía salvar el partido. Todavía tenía energía extra para ganar.

No salí del estudio en dos meses. Trabajé como loco, no comía, me acostaba a las cinco de la mañana y despertaba a las once a seguir trabajando. Karen y las niñas decidieron regresar a Miami y yo me quedé solo. Gran error. Allí comenzó el problema.

Volví donde Gustavo un par de meses más tarde. Todo tenía un color perfecto para el álbum, que finalmente se iba a llamar *La Vida es un Ratico*. Cuando lanzamos el álbum en 2007, cuatro canciones —"Me Enamora", "Gotas de Agua Dulce" "Tres" y "La Vida es un Ratico"— fueron muy bien recibidas por la prensa y los fans.

Era mi cuarto álbum invicto, alegrías, éxito en las giras, los Grammys, todos los premios. Y empezó de nuevo la rutina de la promoción, los viajes, las entrevistas y demás. Pero esta vez me enfrenté a toda la tormenta mediática con un vacío más grande y el corazón destrozado al no estar bien con mi esposa y mis hijas. Antes, cuando viajaba, pensar en ellas era mi motor, lo que animaba cada instante de mi día, lo que me impulsaba hacia el futuro. Pero ahora que no estaban, nada tenía sentido. Luego de largos meses regresé a casa, pedí perdón por mi ausencia y volvimos a estar juntos y a fortalecer nuestra relación después del daño mutuo y a terceros.

Seguimos casi el mismo recorrido de las giras pasadas, tocamos hasta el cansancio, visitamos casi todos los países, di más entrevistas que nunca y el álbum se vendió de maravilla, pero necesitaba un descanso; mi mente y mi cuerpo pedían a gritos descanso.

Como desde un punto de vista laboral las cosas iban a las mil maravillas, anunciamos un supuesto año sabático que era difícil de cumplir debido a mi obsesión por el trabajo.

En este periodo de descanso relativo, mis dos niñas crecían y mi relación con Karen me-

joraba cada vez más. Nos tomó tiempo encontrar el equilibrio, pero con paciencia y mucha dedicación, poco a poco fuimos mejorando la comunicación y recobramos la cercanía que siempre habíamos tenido.

El año sabático no duró mucho pues en 2009 participé en el concierto de Paz sin Fronteras en Cuba. La planeación fue excitante. Sería un concierto que me marcaría

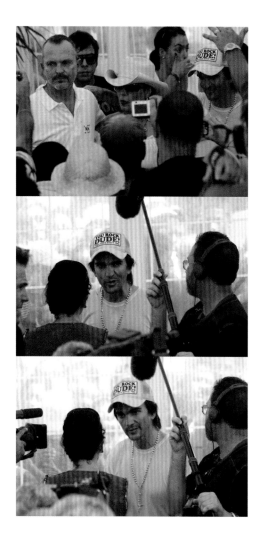

porque representaba una intersección entre el arte y la conciencia social, esa responsabilidad por reparar las injusticias de nuestra existencia que se desarrollaba en mí y que se materializaría luego en la Fundación Mi Sangre.

En medio de viajes y estadías en casa, seguía tratando de componer nuevas canciones pero algo estaba mal, mi creatividad estaba desgastada y repetida. Sin embargo, seguí adelante sin necesariamente ser capaz de ver las señales de alarma. Me involucré en el concierto de Cuba, en la composición de mi nuevo álbum y en lo más importante y sagrado que me trajo esa época: el nacimiento de mi primer hijo varón, Dante.

Mientras Dante crecía en la barriga de su mamá, yo viajaba a La Habana, Madrid o Bogotá y al tiempo en los pocos ratos que tenía en el estudio seguía esforzándome por encontrar lo que serían las canciones de mi nuevo álbum. Pero a pesar de que mi vida personal estaba, por así decirlo, restablecida y me sentía de nuevo completo, algo seguía mal pues nunca quedaba del todo satisfecho con lo que lograba.

Mi hijo Dante nació el 12 de septiembre de 2009, solo ocho días antes de que tuviera que viajar a Cuba para el concierto. Fue un momento intenso que me marcó para siempre. Así, el

nacimiento de Dante y el concierto en Cuba fueron como un rompe aguas que dividió mi existencia en un antes y un después. Era como si una fuerza extra que no tenía hubiera llegado a mi vida y la hubiera inundado de forma poderosa y definitiva. Fueron dos eventos que, a tan solo ocho días uno del otro, generaron en mí un cambio interior muy fuerte.

El concierto en Cuba me mostró las dos caras de la moneda, el amor y el odio, lo justo y lo injusto, la mentira y la verdad, la incapacidad, la frustración y, al final, la alegría de ver a más de un millón de cubanos cantar y sonreír. Cuba me enseñó a conocer los verdaderos amigos.

Con Dante nací de nuevo, con una conexión espiritual y kármica con mi papá, como si el ciclo de papá-hijo se cerrara para crear algo impenetrable.

En diciembre de 2009 me reuní en Londres con el productor de mi nuevo proyecto, Steven Lipson, para hablar del álbum que se llamaría *P.A.R.C.E.* Todo cambiaba en mi vida: internamente vivía un malestar indescifrable, mis canciones no eran las mejores, la presión de la compañía y el *management* por un nuevo álbum no dejaron de aparecer: "hay que trabajar, hay que facturar", era lo que escuchaba constantemente.

Por más que algo no estuviera bien en mi interior, mis hijos y familia me daban fuerza; todo podía estar bien, si en cuatro álbumes no había fallado ¿por qué pasaría ahora? Trabajaba en los demos y compartía tiempo con mi familia. Había un daño que remediar entre mi esposa y yo que el tiempo fue curando gracias a Dios.

estar caminando por horas en un desierto sin una gota de agua. Todo era interior, nada exterior, en mi alma, en mi corazón, en el deseo de hacer las cosas de manera diferente, pero no podía. Estaba preso en mi propio invento, encadenado al miedo y cansado de todo, a punto de estallar. Eran ocho años de trabajo maravilloso, éxito y alegrías, pagando un precio personal y creativo muy alto. Prácticamente me odiaba, estaba sobreexpuesto, casi quemado.

El proceso de grabación con Mr. Lipson fue agradable y solitario. Él no hablaba español, yo trataba de explicar las letras pero nunca eran tan contundentes como en mi idioma. Trabajaba en el estudio de lunes a viernes, los fines de semana caminaba solo por la ciudad, tan aburrido que ni siquiera llamaba a amigos para hacer planes. Éramos mi soledad y yo, haciendo preguntas, mirando al cielo y diciendo: *"Dios ¿qué me pasa?"*. A veces le compartía a Karen mi preocupación.

En un estudio de grabación, la canción funciona o no funciona. Así es, pero yo le daba mil vueltas a cada canción, me volvía loco, tomaba una botella de vino al día para supuestamente relajarme. Qué va, pura mentira, estaba tan mal que cualquier cosa empeoraba mi situación. Solo Karen y yo sabíamos de esto.

Terminé la grabación del álbum editado en diciembre de ese mismo año, seis meses después del mundial. Las canciones no estaban bien del todo, yo estaba peor que nunca, me odiaba, no podía verme ni en el espejo, ni verme en la televisión o en una revista. Estaba sobreexpuesto y agotado, y para colmo de males, con un nuevo disco en las tiendas que no me representaba en su totalidad, que dejaba ver un cansancio y desgaste absolutos. En este punto me sentí solo y sin respaldo de mi equipo.

■

Aquí vino un parto doloroso y lleno de crecimiento personal. Mi mente me llevó al abismo y me obligó a lanzarme. Aquel sentimiento que venía floreciendo en mi interior y solo mi esposa y familia conocían, estaba a punto de explotar. Aún así comenzamos la gira en medio de la incertidumbre y la mala vibra en el equipo.

En Seattle, el primer show, en mi caminata normal del camerino al escenario sentía el ambiente pesado y la nostalgia de aquellos días donde todo era perfecto. No quería preguntar mucho. Aquella noche estaba ok, ni mucho ni poco, solo evidenciaba lo que venía: una gira difícil, un álbum que no salía muy bien, conflictos internos entre el equipo, y yo, agotado.

Salimos a cantar y ahí me vi, observando casi uno a uno a los asistentes al show. Miraba hacia atrás y me veía rodeado de pantallas gigantes que proyectaban gráficas o imágenes de la banda o del público, todo parecía tomar vida a pesar de las dificultades. Pero con un peso y unas cadenas que yo decía: "No sé si aguante todo esto por mucho tiempo".

La gira siguió por California, San Francisco, Los Ángeles y otras ciudades de Estados Unidos.

En San Francisco yo caminaba con mi esposa y mis hijos por el punto de seguridad para llegar al Gate y, allí mismo, de la nada, se me acerca una señora de unos cincuenta años que me reconoció y me dice en español: "Le voy a decir algo, por favor no se me asuste. Yo soñé con usted en estos días y ahora que lo tengo aquí enfrente, le tengo que decir". Yo me quedé frío y le respondí:

"¿Conmigo? ¿En serio? Espero que haya sido un buen sueño por lo menos". Y sonreí.

Ella me explicó que meses atrás le había dicho algo similar a otra persona y más adelante se hizo realidad. Me dijo que tendría una pelea con alguien cercano, que viviría una época de pruebas pero saldría adelante. "Dios mío, ¿en serio, usted cree eso?" le respondí a la señora. Ella me aclaró que a veces le pasaban esas cosas y no podía evitar decirlo.

Aterrizamos en Los Ángeles tipo doce del día y queríamos ir a comer algo antes de llegar al Staples Center para la prueba de sonido. Por alguna razón desconocida yo sentía mi alma enferma y agotada. Afortunadamente en esos días me acompañaban mi esposa y mis tres hijos.

Llegamos a un restaurante en el Downtown y Rubi, que trabaja con nosotros, le dice a mi esposa Karen: "niña, mire a esa señora en el balcón allá arriba, eso está como raro". Seguí normal, nos sentamos en la mesa, pedimos la comida y hablamos de todo un poco.

Minutos después se me acerca un mesero muy amablemente: "Juanes, por favor cuando salgan usen la puerta de atrás". Yo le pregunto por qué. Él me hace señas pasándose su mano por el cuello de izquierda a derecha como quien dice "ni me pregunte".

Aquella niña de unos veintiséis años que nuestra Rubi había mencionado, justo en el parqueadero del restaurante, se había lanzado y caído al asfalto justo a unos metros del carro. Aterrados y en shock nos montamos al carro lo más pronto posible, Karen entretenía

ENCRUCIJADA | 205 | JUANES

a Paloma, y Rubi y yo a Dante y a Luna. Mientras el carro se alejaba vi el cuerpo de aquella chica tapado con una sábana blanca que se alejaba por el retrovisor.

Un par de carros de policía y uno que otro curioso... Ese día me pregunté tanto: ¿Qué hizo que aquella chica se lanzara desde tan alto? ¿Por qué terminar así? ¿A qué grado de desesperación hay que llegar...?

Rumbo al lugar del concierto todo era silencio y conmoción. Yo soy muy supersticioso, no paso debajo de una escalera y si me encuentro un gato negro que atraviesa la carretera me desvió, en fin, el suicidio me tenía perturbado. Con menos de cinco minutos, enfrente de mi familia, una chica se había lanzado al vacío para terminar con su vida, y todos coincidimos casi a la misma hora para presenciarlo.

Entramos al lugar del concierto y, sin saberlo yo, todos los motores que movían las pantallas se habían dañado. Nadie me dijo una sola palabra para no preocuparme: mala decisión. Hicimos prueba de sonido, yo ya presentía el tema de los motores pero no me lo habían notificado. Diez minutos antes del show, en mi camerino, me informan del problema y se me vino el mundo abajo. Lo primero que pensé fue en la chica que se había lanzado. ¿Hay peor agüero que presenciar semejante acto tan duro el día de tu concierto? Claro, los motores o algo malo tenía que pasar.

Discutí con algunos compañeros del *staff*, pero no había nada que hacer, faltaban cinco minutos. Yo comentaba entre mis amigos y familiares: "No puedo creer que en uno de los shows más importantes de la gira nos esté pasando esto. No puede ser". Me sentí abrumado, confundido y consumido por la rabia y la frustración de no poder hacer nada. Caminé hacia el escenario acompañado por mis amigos músicos de la banda, que ya son como parte de mi familia.

En esa situación, parado atrás del escenario, Waldo Madera, baterista y gran músico a quien respeto profundamente por su talento, me tomó del brazo y me dijo con voz fuerte: "Mi hermano, no olvide usted que es un músico. Olvídese de las pantallas y los motores, nuestro show es de músicos y música, tranquilo que la gente ni lo va a notar".

Palabras sabias y con buen timing. En el concierto la gente estaba feliz y a pesar de todo lo que vivimos, lo sacamos adelante. En medio de las dificultadas el lugar se llenó aquella noche y me dieron una de las mejores críticas de mi carrera de un show en esa ciudad. Fue un éxito.

Aquella noche, en la segunda fila del Staples Center, un señor de avanzada edad, de unos setenta años, se convirtió en mi fuerza para salir adelante. Fue uno de esos momentos en los que un acto aislado, y en otro momento intrascendente, cobra vida propia y nos da una lección vital y necesaria. Yo cantaba y tocaba mi guitarra, me movía de un lado al otro con toda la energía que tenía, y de repente vi a este señor mayor que no paraba de bailar y cantar todas las canciones. Fue una inspiración para mí.

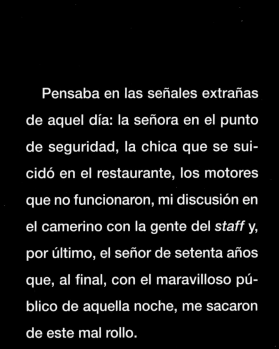

Pensaba en las señales extrañas de aquel día: la señora en el punto de seguridad, la chica que se suicidó en el restaurante, los motores que no funcionaron, mi discusión en el camerino con la gente del *staff* y, por último, el señor de setenta años que, al final, con el maravilloso público de aquella noche, me sacaron de este mal rollo.

■

La energía de aquel señor entre el público esa noche me llevó a pensar en todos aquellos jóvenes que he conocido a través de la Fundación Mi Sangre que creamos en 2006. Es fascinante cómo un instante casi cotidiano, como es alguien bailando en un recital, puede transportarnos a temas esenciales que movilizan nuestra vida y la de otros.

Años atrás, cuando salió "Fíjate Bien" que habla sobre la problemática de las minas antipersonales en Colombia, recibí invitaciones por parte de fundaciones y del gobierno nacional para vincularme a campañas de sensibilización sobre este tema. Entonces tuve la oportunidad de acercarme más a esta realidad y conocí de primera mano el dolor profundo que sufren las personas mutiladas… Sentí que tenía que hacer algo y, en 2006, tomé la decisión de crear la Fundación Mi Sangre para hacer un trabajo más concreto y contundente.

Y así fue que nos enfocamos en desarrollar programas de atención psicosocial para víctimas de minas antipersonal. Sentía la necesidad de contribuir a sanar sus heridas del alma que, aunque son invisibles, son muy profundas y contribuyen a nutrir el círculo vicioso de la violencia. Emprendimos el reto de hacer visible esta problemática de la que muy pocos sabían en el país.

Organizamos un recital benéfico llamado Colombia sin Minas en Los Ángeles y, en 2009, logramos dar por primera vez voz a las víctimas de minas en medio de la Cumbre de Revisión de la Convención de Ottawa para un mundo libre de minas.

Ha sido un camino de mucho aprendizaje, de mucha conexión con el dolor de los colombianos, y de mucha convicción de la fuerza que tenemos como seres humanos para transformar la realidad. Para este entonces redefinimos el foco de la fundación a todos los niños, niñas y jóvenes del país que han sido afectados por diversos tipos de violencias o que corren el riesgo de estar afectados. Además del programa de atención psicosocial, desarrollamos uno de educación para la paz a través del arte para trascender la visión de victimización y contribuir a que se conviertan en constructores de paz.

Al igual que yo, muchos jóvenes hoy encuentran en la música o en las expresiones artísticas una opción de vida. Por eso vale la pena apostar e invertir en educación y en arte, porque es nuestra manera de narrarnos, de pensarnos, de resistir a la guerra y, sobre todo, lo más importante, de no olvidar. El arte con su sensibilidad moviliza mucho más que la razón, concientiza y enlaza mundos, pues en esencia, es universal y heterogéneo.

Desde la Fundación Mi Sangre he conocido muchos jóvenes que hoy son amigos y colegas, y que por medio del arte se vinculan como responsables de su comunidad, de su historia y de la construcción de su futuro. Poco a poco veo cómo muchos, a pesar del dolor y la rabia, cambian el odio por amor y le apuestan a construir paz.

Aquellos jóvenes de nuestra fundación me han inspirado por su valentía, porque frente a las adversidades, a la violencia de sus barrios y sus pueblos, todos los días se levantan y cambian un arma por un micrófono o una guitarra, artistas que trascienden la realidad violenta de sus barrios y, no contentos con ver la muerte rondar o la desigualdad adueñarse de su ciudad, le apuestan a la vida.

Ese valor para el cambio por el que tanto trabajamos en la fundación, me estaba eludiendo a mí en mi vida profesional.

La cuestión es que me encontraba sumido en largas discusiones con la disquera, los promotores, que porque esto, que porque aquello y ¿qué tal si hacemos esto? En fin, era terrible. Llegamos al final de las fechas de la gira en Estados Unidos; solo nos faltaban Miami y Orlando, que no llegarían a hacerse.

La última presentación fue en Washington DC y ese concierto en particular me gustó. No sé si fue la energía, o la nostalgia de aquel día... Ahí sí estaba mal del todo: mi energía en el escenario era como la de un toro, pero mi alma estaba triste y enferma. Esa noche escribí un texto que decía algo así: "no sé si este será el último día que canté en un escenario". La verdad es que estaba muy mal. El show terminó con todo el éxito y las críticas, de nuevo, fueron las mejores. Era como si recibiera mensajes y señales por todos lados.

Llegué a casa después de casi un mes y medio de gira. Pasé dos o tres días de reposo en los que literalmente no me hallaba, mi único pensamiento era cómo terminar con los compromisos que me faltaban; es decir, apenas empezaba lo que sería una larga y dura gira.

Yo hablaba con mi esposa, con mi hermano y mi mamá, ellos sabían y sentían que algo no estaba bien del todo pero no preguntaban mucho tampoco. Nunca antes me había sentido así, como si estuviera desalmado, con la fe tirada en el piso y casi como un ente que andaba por la casa sin sentido. Solo mis hijos y mi esposa eran mi ancla en este momento...

Un día luego de mi último show en Washington DC me desperté aburrido, me bañé y recuerdo que mi esposa se arreglaba en el espejo. Salí de la ducha y me miré al espejo, no me reconocí. Le dije que no aguantaba más, necesitaba parar un instante, recapitular, organizarme y, sobre todo, escuchar mi voz interior que bien apagada estaba. Por esos días mi relación con Dios era extraña, le quería buscar peros a todo y a nada, mi relación con la fe no pasaba por un buen momento.

Exploté y me dije en el espejo, "basta, no aguanto vivir así, voy a parar".

Llamé a mi mánager y tuvimos una reunión de seis horas en la que le expuse mi situación personal y emocional, le dije que no trabajaría más por el momento y que necesitaba un stop.

Nos reunimos en un pequeño restaurante de mi barrio en Miami y, justo cuando levantaba la mirada, veía al frente una señal de tránsito que decía STOP. Yo me sonreía y decía "Guau, esto sí que es una señal".

Al día siguiente hablé con mis amigos de la banda, al resto del equipo le mandé un mail, hablé con el presidente de la compañía y les informé a todos los que trabajaban conmigo que las cosas pararían por un tiempo indefinido, no mucho, pero sí indefinido. Podían ser uno, dos, tres meses, en fin, lo que mi alma y cuerpo necesitaran, no lo que alguien externo me dijera.

En este punto del camino tenía que soltar todas las cadenas y pesos que me amarraban y me hacían la vida imposible; era un muñeco que trabajaba para otros. Mi tristeza era muy profunda, por primera vez en mi vida estaba derrotado y sin claridad hacia el futuro.

Justo por aquellos días había leído una frase de Juan Pablo II: "Para tenerlo todo hay que renunciar a todo", más o menos algo así sentía que tenía que hacer. Lo más curioso es que cuando le pregunté a mi madre qué opinaba, no vaciló en decirme, "m'hijo, se había demorado mucho para descansar, quédese en la casa y dedique más tiempo a sus hijos, nada malo va a pasar, tranquilo".

Hablé con mi hermano José que se encarga de mis finanzas y le pregunté lo mismo. Me dijo, "Juan, tranquilo, estamos muy organizados y no tiene problema, descanse y recupérese".

Jesús López, presidente de la compañía, me respondió casi lo mismo, "Juan, te necesitamos completo, tómate tu tiempo y organiza tus ideas que la compañía siempre va a estar aquí para apoyarte". Y así fue. Mis amigos de la banda lo entendieron aunque se preocuparon por su trabajo. La compañía de discos me dio todo su apoyo.

Quien no estuvo tan de acuerdo fue mi mánager hasta ese momento. Todos tenemos nuestras razones, nuestros proyectos y nuestros caminos. Todos respetables, por cierto. Pero algunas veces esos caminos van en direcciones diferentes, y entonces es tiempo de partir. Nos sucede a todos en algún momento u otro. Son aquellas encrucijadas que apuntan a nuevos horizontes.

Recuerdo la sensación de libertad cuando terminé aquella reunión con quien para ese entonces ya no era mi mánager. Yo iba en mi bicicleta rumbo a casa y decía, "Por fin escuché a mi corazón; ahora soy yo quien maneja y controla mi vida y mi tiempo".

Algunos me decían que estaba loco, que había tirado toda mi carrera por la borda en cuestión de un minuto; yo en cambio me sentí liberado y fuerte interiormente. Lo mejor está siempre por venir.

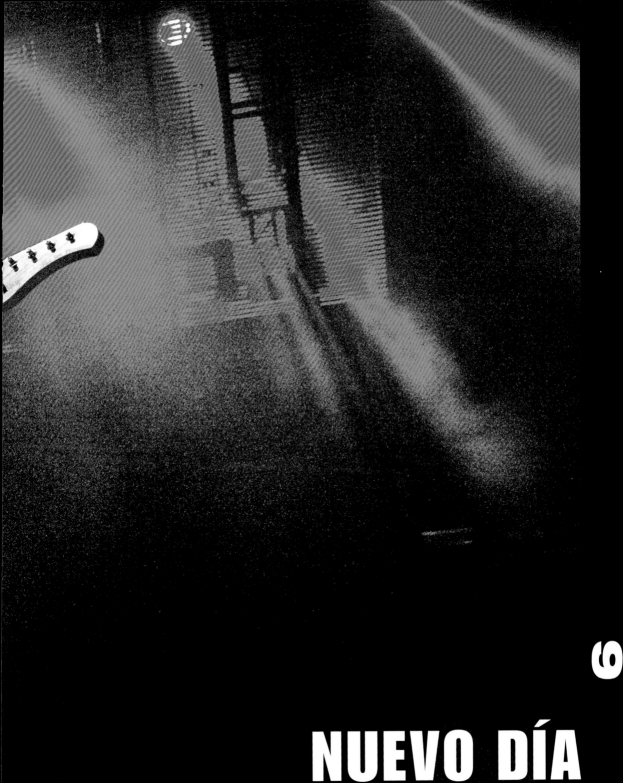

9

NUEVO DÍA

Habiendo tocado fondo, para 2011 inicié un viaje muy particular de búsqueda de mi fe y de mi propio ser. Me había alejado demasiado de mi centro y ahora tenía que rescatarme. ¡Qué mejor manera de hacerlo que en casa rodeado por mis familiares y amigos! Así que eso hice.

Me impuse un régimen de desconexión total: cerré mi cuenta de correo electrónico, cambié mi número de teléfono y empecé a retirarme de la luz pública; solo dejé activas mis cuentas de Twitter y Facebook para comunicarme con mis fans; imaginaba especulaciones sobre mi situación y no quería malos entendidos.

A pesar de que le pedí discreción a quien era mi persona de confianza, la calma duró solo unos pocos días pues, al enterarse de mi descanso voluntario, comenzaron los ataques por parte de los medios de comunicación con declaraciones que me lastimaron a mí y a mi familia.

Un día cualquiera revisé el Twitter y vi una serie de declaraciones de mi ex mánager. No podía creer lo que estaba leyendo. Me llené de tristeza y frustración, pero entendí de dónde venía su dolor. Sin pensarlo respondí públicamente a sus comentarios, explicando mi receso y la razón por la cual necesitaba un pequeño stop.

La reacción de los medios no se hizo esperar, pero yo permanecí en silencio y aguanté mientras veía cómo todo tipo de falsas noticias flotaban a la superficie: decían que me retiraba del todo de la música, que me había vuelto cristiano, que estaba en bancarrota, que estaba enfermo de la cabeza... No se sabe qué teoría era más traída de los cabellos.

Sin embargo, por más absurdo que fuera todo lo que se estaba diciendo, fue duro saber que yo estaba en mi casa en calma total, seguro de la decisión que había tomado, mientras que afuera todo era caos y especulación. De repente veía en la televisión supuestos amigos míos comentando sobre mí sin tener idea de lo que estaban hablando. Fue realmente loco. Me dolió pero entendí que el mundo funciona así y por eso es mejor preocuparse por cambiar el mundo interno y no el de los demás.

En este tiempo trabajé en el estudio y me operé la rodilla derecha, enferma por el trote constante de muchos años. Soy fan del ejercicio desde los quince años por mi problema de obesidad cuando era niño, entonces no importaba en qué parte del mundo anduviera, todos los días de la vida corría por las calles o parques durante 45 minutos. Y finalmente llegó el día en que la rodilla derecha me pasó factura.

En marzo, los días pasaban en medio de las noticias y de mis reuniones con los abogados, pues tenía que asumir las consecuencias de mi decisión, la cual implicaba el incumplimiento de algunos contratos. Solo fueron dos shows que oficialmente estaban por hacerse, el de Orlando y el de Miami. El promotor de ambos entendió la situación y no pasó nada grave. Solo quedaba la gira por España en julio y agosto y, como todavía faltaban unos meses para que me tocara arrancar, decidí esperar y no cancelarla.

■

Los meses que siguieron fueron de meditación y confrontación. Leía sin parar todo tipo de libros, veía películas, documentales, trabajaba en el estudio, andaba en muletas por la casa y hasta por los aeropuertos cuando tenía que viajar. Nunca dejé de estar ocupado, pero la diferencia era que a todo momento era *yo*.

Poco a poco retomé el control de mis días y de mi vida, a mi tiempo y en mis términos, y ya no para cumplir expectativas de terceros que de pronto me decían: "tú eres un producto" y cosas así que me hirieron hasta lo más profundo. Me dolieron porque sabía, en el fondo, que tenían razón y que estaba siendo exactamente eso: un muñeco desalmado que andaba para allá y para acá sin saber por qué, siguiendo el ritmo inquebrantable de una maquinaria y un sistema podrido.

Pues bueno, mientras algunos decían que era un cobarde porque había dejado todo tirado, otros entendían mis razones y entendían que era lo correcto. Yo me sentí valiente, no me imaginé capaz de hacer semejante cosa: despedir a mi mánager, a mis amigos músicos, pedirle un tiempo a la compañía de discos, renunciar a la comodidad, al dinero que me entraba de manera constante...

No fue fácil pero fue de los momentos más cruciales de mi existencia: un renacimiento que me trajo madurez mezclada con sufrimiento. Me deshice de todo tipo de pensamientos baratos y ridículos, empecé a recordar quién realmente era yo, mi esencia en la infancia, los valores inculcados y sobre todo lo más importante, mi fe en Dios, que estaba desgastada y alejada de mí.

Esos meses los pasé meditando, caminando, leyendo la Biblia, partes del Corán, poesía y novelas, tocando la guitarra y trabajando en el estudio todos los días. No podía hacer mucho deporte por la operación de la rodilla derecha, pero estaba encontrando la paz que buscaba.

¿En qué momento dejé que pasara todo esto? ¿Cómo permití que las cosas llegaran hasta este punto? Sólo encontré una respuesta: la ambición y la falta de coraje. Nadie más que uno mismo puede saber la respuesta a las preguntas de la vida; por más que confíes en alguien, sólo el corazón te da la verdadera respuesta.

Mi acercamiento con Dios comenzó a mejorar, solo que para esta vez, con más certeza en la mente y en el alma de quién realmente era quién. Me conecté con Jesús, sobre quien leí varios libros para encontrar respuestas, el universo, la creación. Trabajé en mi mala relación con la Iglesia, pero mi gran respeto por la religión, y finalmente comprendí mi libre albedrío y mi capacidad de discernir y decir, "ok, esto es lo que yo pienso y es lo que voy a hacer".

Hablaba con diferentes personas, todas opinaban cosas diferentes y daban consejos, pero en mi interior yo estaba bien, feliz de tomar una decisión que me permitiría comenzar de nuevo, seguir el camino de mi felicidad, no la felicidad de terceros. La mía. Esa era mi única meta: quitar todo obstáculo que existiera entre la felicidad y yo.

A pesar de todo este trabajo de búsqueda, en ningún momento dejé de componer ni

hacer canciones. La música siempre ha sido
parte de mi cotidianidad y, de haberla elimi-
nado, quizás me habría vuelto loco. Sin embargo, no puedo negar que hubo noches
llenas de incertidumbres y cuestionamientos
sobre el futuro de mi carrera, mi música y mi
creatividad. Con todos los rumores que corrían por ahí, por donde llegaba la gente me
preguntaba: "¿Es verdad que te retiras?".
¡Cómo se puede manipular tan fácil a la gente
respecto a un tema!

Era como si la gente se hubiera empeñado
en hacerme quedar como un loco enfermo de
depresión que había cancelado sesenta conciertos y estaba mal de la cabeza. Error, no
estaba mal de la cabeza, me estaba curando y
encontrando mi propio camino libre de miedo.

Pasaron los meses y mi situación personal
mejoraba. Tenía la certeza, en lo más profundo de mi alma, de haber hecho lo correcto:
es posible que me estuviera perdiendo de
oportunidades en mi carrera, pero para mí, en
ese momento lo más importante fue parar. Era
lo más inteligente y necesario para mi bie-
nestar y mi creatividad.

Pensé mucho sobre el tipo de carrera que
quería tener y el tipo de artista que quería ser.
Al desafiar el miedo cara a cara me limpié la
mente y las ideas y gracias a eso encontré
muchas respuestas. Deseaba volver sabiendo
en mi interior que jamás me retiraría de la
música y que solo buscaba un pequeño
paréntesis. Nadie más que yo entiende estos
momentos, nadie más que yo estaba adentro
de mí cuando viví estos tiempos.

A pesar de que trabajamos, tenemos compromisos, formamos parte de una organización y tenemos que cumplir con ciertas metas en la vida, no podemos olvidar que somos gente, que somos personas con sentimientos y que, por más que tengamos cierto tipo de poder sobre otras personas, bajo ninguna circunstancia podemos tratar mal o abusar de nadie. Sentía que conmigo se había hecho algo así y esa crisis por la que tuve que pasar fue en parte mi respuesta al sistema corrupto en que vivimos.

No todo es malo cuando se la pasa mal; se aprende mucho de la vida y de las personas. Te das cuenta de las razones tan diferentes por las que te rodea la gente; es increíble cómo se pela el cobre en estas situaciones. Definitivamente es bueno hacer una limpieza en la casa y en el trabajo de vez en cuando.

■

Llegó agosto y con él la gira de España: fue para mí alegría total, goce absoluto, un reencuentro con la verdad, el público y la música. Pude volver a disfrutar de mi música, de mi pasión; me enamoré de nuevo de mi guitarra. Las ridiculeces con las que salía la prensa, mis antiguos colaboradores, mis críticos me habían afectado estúpidamente. Se me habían metido en la mente y me había alejado de mi esencia. Estaba tratando de hacer música para complacer ciertas tendencias

y ciertos esquemas establecidos de *marketing*, y eso sí que me había dolido... En últimas me había traicionado a mí mismo.

Mis grandes éxitos como "Yerbatero", "La Camisa Negra" y "A Dios Le Pido", habían salido de mi alma, eran naturales y por eso llegaron tan lejos. El error que cometí después fue que traté de encajar en ciertos patrones de moda, como por ejemplo en mi último álbum *P.A.R.C.E.*, que más que un álbum se convirtió en un purgante doloroso, un paso necesario para salir de todo ese dolor y esa confusión que estaba sintiendo.

La gira por España duró un mes y para cuando terminó sentí que había recobrado las riendas de mi vida. Y cómo son las cosas, justo en esos días me llegó una invitación de MTV con la idea de un disco desconectado con un resumen de mi carrera y, ¿por qué no?, un par de canciones inéditas. Una luz se iluminó en medio de la oscuridad; aunque no estaba planeado, parecía parte de un gran plan del destino. Hablé con José Tillán, un buen amigo que apoya mi carrera desde los primeros días y es presidente de Tr3s, para visualizar lo que podíamos hacer.

Comencé de nuevo a soñar con la música.

Un año y medio atrás, en un evento de la cadena Ser en Tenerife, me había encontrado en los camerinos con Miguel Bosé, Ricky Martin y Juan Luis Guerra, entre otros; allí, hablando con mi gran amiga Amarilis, que es mánager de Juan Luis, me mencionó algo que se me quedó. En ese entonces Amarilis me dijo:

—¿Por qué no le preguntas a Juan Luis si te produce un disco? Ustedes dos deberían trabajar juntos.

Inmediatamente mis ojos se abrieron y le contesté sin dudar un segundo:

—Ama, ¿me hablas en serio? Ya mismo me voy y le pregunto.

Bueno, pues eso hice, me dirigí silencioso y nervioso hacia donde estaba Juan Luis hablando con Miguel y Ricky y le pregunté:

—Maestro, ¿le gustaría producir un álbum para mí?

—Sería un honor —me respondió—. ¿Y por qué no?

Del encuentro con Juan Luis y Amarilis habían pasado dos años cuando MTV me invitó a hacer el desconectado. Pero aún así, lo primero que se me vino a la cabeza fue llamar a Amarilis y preguntarle sobre la oportunidad de trabajar con Juan.

Justo Ama estaba en Miami por esos días para otros negocios, entonces nos reunimos en el Hotel Biltmore de Coral Gables en Miami y, de allí mismo, tomando café y yo una copa de champán por los nervios, llamamos a Juan Luis que estaba en República Dominicana trabajando en otro proyecto.

Ama le comentó lo de MTV y luego me pasó el teléfono. Lo saludé y le conté un poco más de la idea. Su respuesta fue tranquila y pausada. Dijo:

—Vamos a hacerlo, Juanes.

■

Ya para el mes de septiembre, había-

mos hecho un par de apariciones en

público como la participación en los

Juegos Panamericanos en México,

cantando "Odio por Amor". En agosto

habíamos estado en Ginebra, Suiza,

en los Nansen Awards y un par de

cosas más.

Sobre nuestra ida a Ginebra hay una historia que marcó mi vida por completo y para siempre; ocurrió una noche en el hotel y el *timing* fue perfecto. Después del evento, no me podía dormir por el cambio de hora y llamé al cuarto de algunos amigos de la banda, quienes estaban reunidos en el piso diez en una habitación que daba hacia el lago de Ginebra con un balcón y una vista maravillosa. Éramos unos cuatro o cinco y conversamos del evento, de lo bien que había salido y de la energía maravillosa que se estaba sintiendo en el equipo de nuevo; tenía tanto valor pues viniendo de meses anteriores, este momento se sentía lleno de conexión. Hablábamos de la importancia del amor y la buena energía en la vida, de lo importante que era sentirse bien para proyectar lo mismo hacia los demás.

Justo en ese momento yo estaba mirando hacia el lago y el cielo, y de repente veo cinco aviones que van aterrizar en el aeropuerto de Ginebra. Eso fue lo primero que pensé, porque eran cinco luces muy bajas y grandes que alumbraban la noche sola y silenciosa. Las luces no se movían así que dije: "Ey, muchachos miren eso allá, está como raro, pensé que eran aviones pero no se han movido ni para adelante ni para atrás".

Uno de mis compañeros dijo; "¿Qué serán, helicópteros?". Otro dijo "¿Globos?". En cuestión de segundos pasamos de la duda a la certeza de que lo que estábamos presenciando no era normal. Casi a coro dijimos todos: "Hermano, ¡son ovnis sin duda alguna!", y gritamos todos por la emoción de estar presenciando semejante espectáculo en el cielo de Ginebra.

Notamos que las luces se movían hacia los lados en silencio absoluto, como si las estuvieran moviendo por computadora y GPS. ¡Esto era demasiado!

Siempre creí en la vida extraterrestre. De hecho soy de los que se pasan noches enteras viendo documentales y también había leído varios libros sobre el tema. Así que se imaginan lo que significó para mí este suceso. Las luces se movían y se quedaban estáticas por minutos, luego se movían de nuevo, y así lo hicieron de quince a veinte minutos. Formaron varias figuras geométricas que me llamaron mucho la atención y más adelante corroboré que eran las mismas que en otras ocasiones había visto en internet. Desaparecieron a una velocidad indescriptible dos de ellas, dejando así solo tres grandes luces que formaban un triángulo perfecto y que, dos minutos después, se esfumaron también.

En este momento todos gritamos de la emoción. Estaba aterrado y feliz a la vez; algo que creí muchísimos años finalmente me había tocado. Llamé a mi esposa que no podía de la emoción, creo que a ella casi le da un infarto del susto.

Aquella noche me pregunté: *¿Seremos los únicos que vivimos esto? ¿Alguien más lo habrá visto? ¿Dirán algo las noticias de mañana?* Al otro día no había ni la más mínima palabra en el diario local, en la tele o en internet. Cero, ni una sola.

Fue entonces que mi cabeza comenzó a dar vueltas con preguntas de todo tipo: sobre mi educación, la religión, la iglesia, los gobiernos, los medios de comunicación... En fin, mi mente estaba al doscientos por ciento como si toda mi estructura se hubiera derrumbado y llenado de dudas. ¿Cuál es la verdad sobre nuestra creación? ¿Qué o quiénes eran esas luces? ¿Por qué había tanta gente que había evidenciado lo mismo?

Hasta ese día había tenido la certeza absoluta de que no estamos solos aquí, pero me costaba entenderlo bien. Después de este suceso, todo pareció encajar en su lugar: mis teorías empíricas de la vida y la creación, del comportamiento del hombre en la tierra, de la enfermedad mental, de la decadencia de nuestras sociedades actuales... todo.

Ya con calma, en la terraza de mi casa, observé la luna y las estrellas a través de un telescopio que me regalaron una Navidad —por obvias razones— y pensé qué tonto había sido. Era obvio que no estamos solos. Solo la soberbia y el ego del hombre no nos permiten aceptar que somos parte de un todo más grande que nosotros. Somos una parte pequeña de un gran universo del que desconocemos tanto, pero vivimos nuestra vida con la mirada puesta en nuestros ombligos en un mundo en el que lo único que importa es cuánto tienes, y eso eres.

Regresé de mi viaje a Ginebra totalmente convulsionado y seguí adelante con mis planes de recuperar lo perdido y, poco a poco, tomar las riendas de mi vida y mi carrera nuevamente.

■

JUANES MTV UNPLUGGED

Para finales de octubre los planes de MTV se habían adelantado y todo parecía indicar que mi sueño de hacer este MTV Unplugged sería una realidad.

El gran maestro Juan Luis Guerra había aceptado trabajar como productor del álbum, lo que representó para mí en ese momento algo mágico y bendito, que me llenó de inspiración y me demostró que estaba haciendo lo correcto al seguir adelante con mi carrera y mi música.

Para ese entonces ya me sentía más sereno y relajado, así que decidí componer las canciones del disco más inspirado en la idea de lo que sería el desconectado. Hablaba poco a poco con los músicos de la banda para ir rearmando el *staff*; conté siempre con la ayuda de buenos amigos que no me dejaron solo durante toda esa época de incertidumbre. De la mano de ellos fui armando el camino.

Para finales de noviembre y diciembre, tenía armado el nuevo *staff* de trabajo, nuevo mánager, nueva vida, nueva ilusión pero, sobre todo, control. Control sobre mi propia vida.

Trabajamos sin parar por todos los frentes para que la idea de este MTV fuera una realidad. Varias veces me reuní con Juan Luis en República Dominicana para escuchar algunas ideas nuevas que tenía y hablar sobre el concepto del disco, cómo lo haríamos, qué músicos, qué invitados, etc.

Hicimos varios ensayos en Miami donde Juan Luís grabó casi todas las canciones. Fueron ensayos duros y largos, de mucha precisión y libertad a la vez. Juan se sentaba en un sofá y sólo escuchaba, nos dejaba trabajar mientras que observaba. Cada vez avanzaba y pulía más y nosotros en la banda también íbamos dando toques a cada detalle. Cambiábamos acordes, estruc-

turas y, sobre todo, recibíamos los consejos musicales de Juan Luis.

En esos meses aprendimos cantidades de cosas nuevas. Más adelante se unieron a nosotros Joaquín Sabina y Paula Fernández para hacer dos de los duetos que más me alegran en mi carrera. "Hoy me voy" con Paula Fernández y "Azul Sabina" con el maestro Joaquín Sabina.

Algo que también disfruté mucho de este proceso del MTV fue la oportunidad de componer un par de canciones con nada más y nada menos que el mismo Juan Luis Guerra. Aquello fue algo tan bello de verdad, como jugando, fácil y rápido. Yo estaba más bien nervioso mientras que Juan Luís era la calma y la certeza total.

Una de aquellas tardes en el estudio de Juan Luis en su casa de República Dominicana, observé cómo trabajaba, el amor que tiene por sus guitarras y la seriedad con la que se toma su vida en la música. Para mí esto fue absolutamente inspirador. Lo miraba y pensaba: "Dios mío, aún me queda muchísimo por hacer, quiero tener una carrera tan larga, seria y duradera como la de este señor de la música", el quinto Beatle como a veces le digo por cariño.

Días después de mi visita a República Dominicana llegué a casa y reorganicé mi estudio, cogí las guitarras una por una y empecé a limpiarlas, acariciarlas y tocarlas. Organicé los cables y conecté de nuevo los micrófonos que estaban guardados. Fue un renacer, un despertar a una nueva manera de ver la vida

y la carrera, a una propia manera de interpretar la música.

Trabajamos sin parar ese fin de año. Ensayamos hasta el cansancio y llegó el mes de diciembre. Viajé a Colombia con la familia para descansar unos días y pensar más y más.

El 2 de enero de 2012 estaba sentado en la silla de un avión que salía de Cartagena rumbo a República Dominicana. Tenía una de las citas más importantes de mi vida reciente, una reunión con Juan Luis para coordinar todos los últimos detalles del especial de MTV y para componer un par de ideas más. En aquella visita terminé canciones como "Azul Sabina" y "Todo en mi Vida eres Tú", y de allí siguieron los últimos ensayos en Miami faltando un mes para el día final de la grabación.

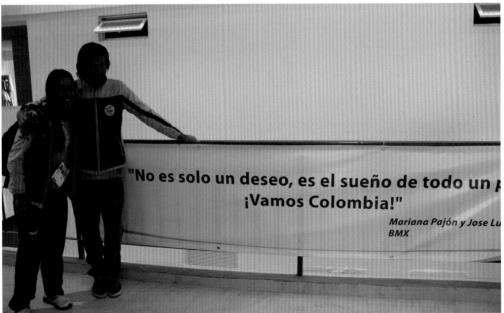

"No es solo un deseo, es el sueño de todo un p
¡Vamos Colombia!"

Mariana Pajón y Jose Lu
BMX

Ensayamos todos los días desde las once o doce del mediodía hasta largas horas de la tarde; a veces terminábamos a las ocho de la noche, otras veces más tarde. Fue mucho trabajo, pero yo estaba feliz. Me despertaba con una sonrisa de oreja a oreja en la cara, como en los días de mi juventud en que comenzaba a grabar con mi banda en Medellín, porque sabía que ese día ensayaría mi canto y tocaría mi guitarra al lado de los mejores músicos del momento, dirigido por el mejor de todos: Juan Luis Guerra. Vivía un sueño que hasta hoy sigue.

Después de un mes intenso de ensayos y correcciones nos fuimos al New World Symphony, lugar donde grabamos el MTV. Tuvimos un ensayo general el 1 de febrero y luego, el 2 de febrero, la grabación final. Había tensión y emoción al mismo tiempo pero todo estaba bajo control: cada quien sabía muy bien lo que tenía que hacer y en los ensayos habíamos sido muy estrictos para estar en calma al momento de grabar.

Minutos antes de salir a escena, Juan Luís citó a todos los que habían formado parte del proyecto, músicos, técnicos e invitados... para hacer una hermosa oración que jamás olvidaré. Todos cerramos los ojos y escuchamos con atención las palabras de Juan Luis. Cuando terminó todos aplaudimos y salimos.

Justo en los momentos previos a un concierto siempre pienso por qué me metí en esto si podría estar sembrando yuca o papa en algún lugar de las montañas sin tanta preocupación y responsabilidad ante un público. Pero son esa adrenalina y esos nervios los que hacen que uno se conecte mucho mejor con la música y la gente.

Salí por una puerta pequeña que daba al escenario y de inmediato sonreí de agradecimiento. Miré hacia todos los ángulos donde había público y les di las gracias por estar ahí; estos segundos previos al comienzo del primer acorde siempre son eternos. Tomé mi guitarra, me la puse bien y me senté en la silla. Instantes después comenzamos a tocar.

La grabación salió de maravilla y este proyecto se convirtió en un parto, como si aquella noche hubiera nacido de nuevo como músico. Fue una fiesta alegre, llena de abrazos y encuentros con amigos de muchos años, entre periodistas, músicos y gente de la industria en general. Creo que fui el último en salir pues no quería que se acabara el día, pero estaba terminando.

Al hotel llegaron algunos amigos cercanos que nos habían acompañado durante todo este tiempo, entre ellos mi colega Fonseca a quien respeto y por
quien guardo un cariño especial. También estaban Rebeca, Chris, Olguita... en
fin, gente que quiero mucho.

Media hora más tarde me dice alguien del equipo, "Juanes, tenemos que comenzar ya las entrevistas telefónicas". Yo me quería morir, estaba agotado y ya había tenido un largo día de entrevistas que había terminado a las 6 p.m.

Pasé al teléfono con voz medio ronca por la grabación y la fiesta de la noche anterior. La entrevista transcurrió muy bien, todas las preguntas amables y buenas y justo terminando el periodista dice: "Juanes, esta próxima pregunta viene de las galaxias, hay un oyente que quiere saber cómo es tu historia con los ovnis".

Aunque tenía dudas sobre el oyente —eran muy pocas las personas que sabían de mi interés por los ovnis para que no se malinterpretara y no fuera noticia—, no tuve la rapidez de saber que me ponían una cascarita en la entrevista. Respondí con la mayor naturalidad del caso, no le vi ninguna mala voluntad, terminé cordialmente y seguí adelante con las que faltaban.

Al terminar el día, muerto del cansancio, me reuní con la gente de la compañía para hacer un balance y para saludar a quienes han trabajado por años en mi carrera, desde el presidente de la compañía Jesús López, hasta todos y cada uno de los ejecutivos de la región.

Justo en esa reunión me di cuenta de la jugada que alguien mal intencionado había querido hacerme. Los titulares para las seis de la tarde de ese mismo día que seguían a la grabación del MTV Unplugged no hablaban precisamente del show maravilloso que

habíamos tenido, sino de mi experiencia con los ovnis. La mayoría de los medios había copiado la historia, unos con respeto, otros en son de burla, y todos al final mencionaban que también había grabado un MTV Unplugged. Por un instante me molesté, pero después reconocí la fuente de donde había venido todo este pequeño juego: querer opacar la verdadera noticia de ese momento que era la grabación del MTV Unplugged.

Aquel día me fui a casa contrariado, pero con una alegría que no me la quitaba nadie, ni siquiera los titulares de los ovnis. Estaba feliz y agradecido con Dios por hacer semejante proyecto al lado de gente tan importante y talentosa.

Desde Ginebra mi manera de ver la vida cambió. Ahora miro más hacia el cielo, no con la esperanza de ver más ovnis, sino con la fe renovada y fuerte. Al fin y al cabo eso fue lo que me pasó, no inventé nada.

■

Los meses próximos a la grabación del MTV fueron más que todo planeación, reuniones, citas aquí y allá, estudio de fotos, etc., nada con mucha acción pero sí con mucha emoción. Estaba tan feliz y recargado que no quería dejar de trabajar. Seguí componiendo nuevas canciones y disfrutando de mi familia como nunca, pues sabía que de nuevo entraría en una ola de viajes que me mantendría algunos días lejos de casa.

Llegó el momento de la promo y empezaron los viajes y las entrevistas sin parar. Recorrí España, Argentina, Estados Unidos, Brasil, Colombia, México y Venezuela durante tres meses en los que tuvimos la oportunidad de reencontrarnos con los fans y tocar para ellos y para los medios en eventos pequeños y privados.

Disfruté mucho de estos viajes que me ayudaron a seguir mi sueño de ser músico y sobre todo me permitieron sentir el cariño de la gente, de mis fans y de los medios, a pesar de todas las especulaciones y las malas vibras de unos pocos que habían intentado hacerme quedar como si estuviera enfermo, loco y deprimido.

Dios es grande y todo este tiempo que tuve para reencontrarme me enseñó a fortalecer mi interior, a combatir los miedos y a derribarlos. Es posible que haya otros artistas en el mundo que no tengan que pasar por una etapa así en sus vidas, pero en mi caso fue cuestión de vida o muerte. Fue un momento absolutamente necesario en mi proceso de aprendizaje, una reacomodación en mi vida y mi carrera. Durante esos meses me dediqué a conocerme mejor por dentro y gracias a eso he podido madurar y crecer y convertirme en la persona que soy hoy en día, una persona equilibrada, satisfecha y completamente feliz.

REFLEXIÓN

Hoy estoy sentado en la sala de mi casa en Medellín terminando de escribir para ustedes estas palabras que nunca jamás pensé que escribiría. He recorrido los lugares más recónditos de mi memoria con el fin de ilustrar mi camino y compartir mi historia.

Más que la historia de mi vida, en este libro que tienen entre las manos, lo que cuento es mi experiencia con la fe y cómo Dios ha sido parte de este recorrido desde que comencé todo esto. Desde aquellos días cuando me arrodillaba de niño, hasta hoy.

Cuando hablo de Dios no hablo necesariamente de religión. Para mí Dios es la energía y la luz que cada uno de nosotros lleva, algunos con más fuerza que otros, y que nos sostiene. Todo lo que vemos y existe es parte de Dios. Dios está en nuestros corazones, en cada uno de nosotros, y solo nosotros le permitimos estar o no. Renunciar a Él es abrir la puerta a los miedos y garantizar el fracaso y la perdición. Dejar que nos acompañe Dios es superar los miedos y conquistar el mundo. Lo que sea que nos pongamos en la mente, si viene del amor triunfa; si viene desde el miedo, la soberbia o la envidia, fracasa.

Así veo mi vida. En la medida que estuve cerca de Dios y con mi fe sana, las cosas se dieron como jamás imaginé, mucho más de lo que algún día pude soñar. Y en los periodos en que me alejé de Dios por tonto, mi carrera y mi vida personal se fueron abajo.

Nada puede ser más importante que el amor y las ganas de vivir siendo consciente de los demás. Mis hijos me salvaron de todo, al igual que la música lo ha hecho durante todos mis años previos a ser papá.

Hoy estoy listo para lanzar un nuevo disco y comenzar una gira que nos llevará por muchísimos países. Volveré a hacer lo que tanto amo, que es tocar mi música y estar en el escenario. Jamás dejaré de cantar y tocar la guitarra, haré mi música para quien la quiera escuchar, siempre desde mi alma y con el deseo único de compartir mi manera de ver la vida.

Hoy estoy más conectado con Dios que nunca antes en mi vida. Crecer y madurar no es para nada fácil, pero nos deja conocimiento y libre albedrío.

Cumpliré cuarenta años en un par de semanas y la verdad los espero con mucha alegría. El tiempo para mí no ha dejado de existir. Esta vida es solo una pequeña etapa de nuestra misión en el universo, pues viviremos eternamente y de diferentes formas, viajaremos a través de la energía por toda la eternidad. Estar aquí en este planeta, en este viaje, no es más que un pequeño capítulo.

Venimos de algún lugar al nacer y cuando morimos solo dejamos el cuerpo aquí, nuestras almas siguen su camino, existe un más allá, existen seres más allá de nuestra atmósfera. No estamos solos, es cuestión de poner todo en perspectiva y, por un segundo, mirar al cielo y las estrellas para hacer la pregunta que el hombre se hace desde sus inicios: ¿Quiénes somos? ¿De dónde venimos? ¿Cuál es el sentido de todo esto? ¿Para qué estamos aquí?

Creo que nuestra misión en esta tierra es aprender a amar, lo demás se pierde como polvo en el viento. Amar es lo único que nos permite alcanzar la felicidad verdadera y lograr cualquier meta que nos pongamos. Ir sin fe por la vida es como navegar sin brújula en el mar: es imposible llegar.

Cada día es una nueva oportunidad para comenzar grandes hazañas y retos, todo el poder está en nuestra mente y en nuestro corazón. Abstraerse por un minuto de la realidad y elevar la conciencia es un ejercicio necesario para superar la crisis que estamos viviendo. Es más fácil de lo que nos imaginamos, solo hay que dejar de mirar el mundo material, pues existen otros niveles de evolución que no necesariamente están dictados por la tecnología o la ciencia, sino más bien por nuestra propia búsqueda interna de la felicidad. La tan anhelada felicidad que se pierde y confunde con lo material.

A través de este viaje por la música y la fe, también he entendido que no solo no estamos solos, sino que solos no podemos llegar a ningún lado. Todo, absolutamente todo, lo queramos o no, está estrictamente conectado.

Mi experiencia con el arte ha sido absolutamente transformadora. Me permitió entender el mundo de una manera distinta, desde el sentimiento, la construcción de sueños y la misión de llevar alegría a los corazones.

El arte es quizá el arma de paz más poderosa que tenemos en nuestras manos para transformar el imaginario colectivo. El arte sensibiliza, y ojalá algún día esto les llegue a quienes nos gobiernan y que no lo vean como locura de soñadores. Ojalá un día no muy lejano la política se mezcle con el arte para así purificarse de una vez por todas. Hoy el mundo está desorientado y descontrolado, está comenzando una era de transición muy fuerte que llevará años en hacer efecto, pero que finalmente cambiará el sistema en el que vivimos tal cual lo conocemos.

Por lo pronto, a mí no me tocará; ni a mis hijos y quizá ni a los hijos de sus hijos. Pero en unos centenares de años, todo cambiará inevitablemente. No existe la más remota posibilidad de que esta tierra resista otro par de siglos al ritmo al que venimos.

La conciencia poco a poco se está despertando; hay muchos seres de luz ahí afuera y unos cuantos con mucho poder y poca luz. Es contra esos que hay que hacer algo, hacerlos cambiar de opinión, no juzgarlos.

Este es el mundo en el que vivimos, un mundo donde hay unos pocos con todo, y la gran mayoría con nada. Todos los tipos de gobierno son imperfectos y lo seguirán siendo hasta que los pilares de la estructura dejen de ser solo lo económico y el control.

Las grandes instituciones corruptas, fieles reflejos de la corrupción del hombre, nos han querido mostrar la vida de la manera que no es, la felicidad de la manera que no es.

Mientras pocas personas estén en control de la mayoría no existirá la tan nombrada democracia, que por cierto es un experimento improbable hasta ahora. Si hay tecnología y dinero para mandar cohetes a Marte y a la luna, ¿por qué no mejor para mandar comida a África? No hemos podido superar nuestras propias diferencias en la tierra y ya queremos conquistar el universo... La soberbia sigue haciendo de las suyas. Cada vez hay más población y menos comida y agua sana. Entonces me pregunto: ¿Hasta cuándo seguiremos viviendo de esta manera?

Yo por mi lado, cumplo con hacer lo que creo que he venido al mundo para hacer: tocar y componer música buscando con ello despertar conciencias, renovar corazones y generar un cambio. Seguiré mirando las estrellas y viajando por el mundo hasta que Dios me lo permita. Ojalá pueda seguir por muchos años más conectando vidas a través del arte, tocando mi guitarra y persiguiendo el sol.

AGRADECIMIENTOS

Quiero agradecer a mi familia, a mi madre querida, a mis hermanos y a todos mis fans, porque junto a ellos se escriben estas páginas, se escribe mi vida, y gracias a ellos suena mi voz...

CRÉDITOS DE LAS FOTOGRAFÍAS